Tiwanaku e Puma Punku: A História e Legado do Antigo Sítio Sagrado Mais Famoso da América do Sul

Por Charles River Editors

Imagem de Janikorpi das ruínas de Puma Punku

Introdução

Foto de Brattarb de blocos de construção em Puma Punku

Tiwanaku e Puma Punku

"Tiahuanaco não é uma aldeia muito grande, mas é célebre pelos grandes edifícios próximos, que certamente valem a pena ver.   Perto dos edifícios existe uma colina feita   pelas mãos dos homens, sobre grandes alicerces de pedra. Além dessa colina, há dois ídolos de pedra, de forma e figura humanas, os traços muito habilmente esculpidos, de modo que parecem ter sido feitos pela mão de algum grande mestre. Eles são tão grandes que parecem pequenos gigantes, e é claro que eles usam uma espécie de roupa diferente das que agora usam os nativos dessas partes ". - Cieza de Léon, 1883

Poucas ruínas antigas capturam a imaginação como o poderoso local sagrado de Tiwanaku, localizado no alto planalto do altiplano andino fora de La Paz, Bolívia. Ao contrário de alguns locais antigos, como Machu Picchu no vizinho Peru ou Chichen Itzá no México, Tiwanaku nunca foi "perdida"; pelo contrário, ela foi admirada durante séculos por nobres incas, conquistadores espanhóis, mochileiros modernos e fanáticos por OVNIs. Apesar dessa história de espanto, Tiwanaku permaneceu uma espécie de enigma até recentemente, mas parece que isso provavelmente teria agradado seus criadores.Foi criado para ser um lugar misterioso, sagrado e lindo, com muitos segredos e uma face pública caracterizada pelo exibicionismo de PT Barnum.

A habilidosa arqueologia moderna permitiu que as pessoas olhassem por trás da fachada e vissem, pela primeira vez em muitos séculos, alguns dos segredos por trás dela. A história é fascinante, complexa e totalmente humana. O visitante moderno que chega a Tiahuanaco se encontra, como Cieza de Léon notou há quase 130 anos, um povoado não muito notável, empoeirado e frio ao sul do Lago Titicaca. O lugar não seria de grande interesse, exceto que a leste e a sul da vila moderna, a uma curta distância do centro, erguem-se várias ruínas notáveis. O complexo oriental é o maior dos dois e abrange o coração cerimonial do antigo assentamento, incluindo a enorme Pirâmide Akapana, o Templo Kalasaya e a famosa Puerta del Sol (Portão do Sol). Os visitantes tipicamente posam diante deste notável portal, esculpido em um único bloco de andesito de 10 toneladas e decorado com entalhes elaborados, incluindo uma curiosa figura no centro de um homem segurando duas hastes ou bastões nas mãos. Os visitantes que saem deste complexo central viajam para o sul - talvez parando no Museu de Cerâmica, que contém obras típicas de imagens geométricas e zoomórficas em vermelho e branco em cerâmica vermelha - para o complexo sul, centralizado nas famosas ruínas de Puma Punku. Embora isso normalmente represente todo o tempo do visitante nas ruínas, o que muitas vezes é esquecido é que esses edifícios cerimoniais eram cercados por uma vasta gama de estruturas menores, muitas das quais parecem ter sido canibalizadas por sua pedra para construir a cidade moderna , especialmente a igreja de San Pedro na praça principal (Bolivia es Turismo 2016). Além disso, havia um impressionante sistema de aquedutos e irrigação, amplas extensões de campos cuidadosamente controlados, assentamentos periféricos e uma vasta rede de territórios conquistados dependentes. Juntos, eles formam o mundo político, espiritual, econômico e artístico que hoje é chamado de "Tiwanaku", um lugar, império e tradição cultural que é o foco deste texto.

O mundo antigo frequentemente evoca admiração, respeito e até confusão, e poucos lugares realizam nada disso mais do que o incrível templo de pedra em ruínas de Puma Punku. Parte da maior cidade em ruínas de Tiwanaku nas planícies do altiplano da Bolívia moderna, Puma Punku é uma maravilha da engenharia, alvenaria e design. Esses fatos são óbvios até para o observador leigo, já que o trabalho em pedra de Puma Punku é notável até mesmo para os Andes, onde os visitantes há muito se perguntam sobre as antigas juntas de pedra onde nem mesmo uma faca caberia entre as pedras. Este nível de habilidade fez com que alguns, principalmente aqueles que nunca estiveram nos Andes, especulassem sobre uma origem fantasiosa para o local, sustentando que um lugar tão maravilhoso e misterioso deve ser obra de forças extraterrestres ou sobre-humanas.

No entanto, a alvenaria de Puma Punku é frequentemente considerada sua característica mais notável apenas porque até recentemente muito pouco se sabia sobre o local ou a cultura Tiwanaku que o construiu. Seria como visitar as ruínas do Vaticano ou da Abadia de Westminster daqui a alguns séculos e ficar maravilhado com a qualidade da construção. Embora a construção seja impressionante, esse aspecto não é a história mais interessante que os locais podem contar.

Hoje, por meio do trabalho diligente de estudiosos de

muitos países, as disciplinas de arqueologia, história da arte, etnografia comparada e outras ciências históricas modernas começaram a descascar a história de Puma Punku, e os historiadores podem mais uma vez começar a contar as histórias por trás do pedras. Esse trabalho destacou as ruínas enigmáticas de muitos pontos de vista e ajudou a explicar como era um lugar de ritual, exibição, mitologia e, claro, o melhor acabamento.

Tiwanaku e Puma Punku: A história e o legado do local sagrado antigo mais famoso da América do Sul examina algumas das ruínas pré-colombianas mais importantes do mundo. Juntamente com fotos de pessoas importantes, lugares e eventos, você aprenderá sobre Tiwanaku e Puma Punku como nunca antes.

Origens do Nome Tiwanaku

A origem exata do nome "Tiwanaku" permanece obscura, mas o que se sabe é que provavelmente não é o nome que os construtores do local lhe deram. Em vez disso, o termo veio dos habitantes locais da região que falam aimará, uma das maiores línguas nativas americanas do mundo, com mais de um milhão de falantes e uma das principais línguas da Bolívia. O local ganhou este nome devido ao nome da comunidade moderna, que existia sob o domínio inca antes da chegada dos espanhóis.

Hoje, existem duas maneiras alternativas de escrever o nome: "Tiwanaku" e "Tiahuanaco" (e às vezes até "Tiahuanacu"). "Tiwanaku", que é mais comum em inglês e em português, é derivado de grafias contemporâneas de Aymara, enquanto "Tiahuanaco / u" (pronunciado o mesmo) é derivado de grafias em espanhol. O espanhol não usa amplamente "W" ou "K", mas o aimará sim, em parte para se diferenciar do espanhol exatamente nessas circunstâncias.

Este trabalho usa o sistema inglês ou português padrão de "Tiahuanaco" para a moderna cidade de língua aymara e "Tiwanaku" para se referir ao antigo assentamento e civilização. Isso dá preferência às preferências dos povos indígenas, cuja história está entrelaçada com a do próprio Tiwanaku. Ele também mantém a grafia original nas citações usadas pelas fontes contemporâneas.

Origens do Nome Puma Punku

As ruínas de Puma Punku fazem parte da maior cidade em ruínas de Tiwanaku, que também pode ser escrita usando as regras de grafia do espanhol como "Tiahuanaco" ou mesmo "Tiahuancu". Tiwanaku não é de forma alguma uma "cidade perdida", pois está localizada no vale do Lago Titicaca e fica a aproximadamente 20 quilômetros a sudeste das atuais margens do lago. Este é um dos centros mais antigos da civilização e a região sempre foi densamente povoada; na verdade, o local ainda tem uma das maiores concentrações populacionais do país. Portanto, a existência das ruínas sempre foi do conhecimento do povo aymara local, e os espanhóis tomaram conhecimento do local em algumas de suas primeiras expedições à região. Hoje, Puma Punku está localizado dentro das fronteiras do departamento boliviano de La Paz e a cerca de 67 quilômetros da própria capital de La Paz (Perry-Casteñeda).

Ao contrário de muitos sítios arqueológicos nomeados por arqueólogos ou exploradores externos que os trouxeram à luz para o mundo exterior, o nome Puma Punku aparentemente antecede a chegada dos espanhóis, embora possa muito bem não ser o nome original dado ao local por seus construtores reais ou habitantes. O nome que sobreviveu até os dias atuais vem do povo aymara, que hoje é a maioria da população do Vale do Titicaca. A primeira palavra, "Puma", é notavelmente a mesma em inglês que em espanhol e nas línguas indígenas de Aymara e Quechua ao norte. Na verdade, pegamos emprestado a palavra de exploradores espanhóis que por sua vez a aprenderam em suas viagens pela América do Sul (Harper 2016). O grande felino "… foi um elemento importante na religião de muitas culturas indígenas [do oeste e sul da América do Sul].Os pumas foram representados em cerâmica, têxteis, metalurgia, osso e outros meios." (Giesso 2010: 150)

O segundo elemento do nome, Punku, é mais obscuro para quem fala nosso idioma.   A palavra traduz aproximadamente um "Portão", o que significa que o nome geral significa "Portão Puma". No entanto, isso obscurece a importância fenomenal dos portões, portais e entradas nas ruínas de Tiwanaku. Os arqueólogos observaram há muito tempo que a cidade era notável por sua "elaboração sem precedentes de portais" (Moseley 1992: 205). Há uma longa evolução técnica e estilística demonstrada nos caminhos culminando no Portal do Sol "que também é a declaração mais complexa da iconografia de Tiwanaku" superada pelo "Portal de Deus God" ou "Entrada para Deus" (Moseley 1992: 205). Como será descrito abaixo, há um forte argumento de que esta fenomenal peça de escultura estava originalmente localizada em Puma Punku e talvez seja o próprio "Portão de Puma", e foi movida posteriormente.

Devido às diferenças entre o inglês, o espanhol ,o português e o aimará, existem várias grafias variantes dos locais proeminentes envolvidos nesta obra. Puma Punku é mais comumente escrito em inglês e em português como "Puma Punku", mas no estilo aimará é soletrado como "Pumapunku". Às vezes, Tiwanaku é soletrado usando a ortografia espanhola como "Tiahuanaco". Essas grafias são todas igualmente legítimas, mas por uma questão de uniformidade, este livro usa "Pumapunku" e "Tiwanaku", exceto entre aspas ou na cidade moderna de Tiahuanaco, onde a grafia original é mantida.

Disposição e Orientação das Ruínas Hoje

"O vale em forma de funil de Tiwanaku se abre em direção às águas azuis rasas do Lago Titicaca; no fundo do vale, cercado por montanhas crescentes, estão pequenas aldeias e casas de adobe espalhadas que se misturam em uma paisagem de grama marrom pontiaguda. [...] Fortalezas no topo de colinas em ruínas falam de séculos de guerra endêmica ... mas, periodicamente, estados poderosos assumem o controle. O primeiro deles, Tiwanaku, [governou] sem contestação sobre a fértil margem do lago de junco na segunda metade do primeiro milênio. " - Alexei Vranich, 2003

Tiwanaku foi uma das duas cidades mais importantes dos Andes em um período conhecido como Horizonte Médio, de aproximadamente 600-1000 CE , embora a cidade fosse consideravelmente mais velha e durasse além dessa idade de ouro (Quilter 2014: 201). Este foi um período de relativa estabilidade e centralização nos Andes, e Tiwanaku, junto com Wari ao norte, era o centro de uma rede massiva e lucrativa de outras cidades e comunidades. Este período foi seguido por uma época de caos e descentralização nos Andes, que por sua vez levou à consolidação do poder no final de 1400 pelo Império Inca.

Os termos "EC" e "AEC" referem-se à Era Comum e Antes da Era Comum; esta é uma forma alternativa de "AD" e "BC" amplamente usada por historiadores mundiais e arqueólogos que operam fora das áreas tradicionalmente cristãs do globo.

O poder e a importância de Tiwanaku estão diretamente ligados à sua localização única e aos recursos (materiais e simbólicos) que ele pode utilizar ali. O assentamento ficava a aproximadamente 15 quilômetros (9,3 milhas) ao sul do Lago Titicaca, o maior lago da América do Sul e o lago navegável mais alto do mundo; além de ser o maior dos Andes, é o único lago significativo de toda a região. Este lugar conquistou a imaginação dos povos andinos por incontáveis séculos e há muito é um centro de civilização; ainda hoje a capital boliviana de La Paz (2,3 milhões de habitantes) fica próxima à ampla bacia do lago. Mas mais do que isso, acreditava-se ser "o lugar de origem, de onde o casal primevo foi enviado para chamar a humanidade das nascentes, rios, rochas e árvores" (Ching 2011: 267). Esse status mitológico como o local de nascimento da humanidade há muito a destaca como um lugar de peregrinação e proeminência espiritual, algo que Tiwanaku se baseou fortemente.

Materialmente, o lago também serve para mitigar o microclima local. A Bacia do Titicaca está a aproximadamente 3.800 metros (2,36 milhas) acima do nível do mar e sempre foi um local difícil para a agricultura, pois o clima é frio com geadas frequentes e chuvas irregulares. No entanto, a água do lago permanece estável em 10,5 ° C (51 ° F) em todos os momentos, o que significa que em torno de suas margens, o calor irradiado pode mitigar muitas geadas e proteger as plantas. Em geral, a umidade tende a diminuir rapidamente à medida que se afasta do lago e apenas 33,9% das terras da bacia são aráveis (WWAP 2003).

Mesmo assim, a região é muito alta e muito fria. La Paz é a capital mais alta do mundo (aproximadamente 3.660 metros acima do nível do mar [Ching 2011: 267]), e Tiwanaku era a cidade mais alta das Américas antigas

(Giesso 2010: 188). Tudo isso tornou a vida dos Tiwanakus um desafio e os levou a criar muitas tecnologias agrícolas inovadoras. Mas, embora a bacia pareça sombria quando comparada a um lugar abundante como o Vale Imperial da Califórnia, para os Tiwanakus ela e o lago em seu coração eram doadores literais e figurativos de vida, oásis de calor e água em uma paisagem fria e dura.

Embora a Bacia do Titicaca seja alta, ela é cercada por todos os lados por picos andinos ainda mais altos, que são claramente visíveis de Tiwanaku (e do resto da bacia) como uma grande parede circundando seu mundo. Essas montanhas circundantes desempenharam um papel importante para a civilização Tiwanaku. Simbolicamente, as montanhas tinham significados e eram frequentemente associadas a divindades poderosas; As principais estruturas da idade de ouro de Tiwanaku foram construídas em alinhamento com alguns desses picos, bem como projetadas para moldar os visores dos visitantes, revelando o esplendor das montanhas em momentos particularmente cruciais. Além disso, a proximidade das montanhas deu um conjunto variado de terrenos para exploração de recursos. Tiwanaku ficava bem dentro dos trópicos (apesar do clima frio), o que significa que as temperaturas e o clima não costumavam variar significativamente de acordo com a estação. Em vez disso, as temperaturas e os climas variam dramaticamente com as mudanças de altitude e proximidade com as montanhas, dando aos Tiwanakus acesso a diferentes plantas, animais e minerais.

A Disposição de Tiwanaku em Seu Pico

O assentamento de Tiwanaku foi estabelecido com um planejamento central cuidadoso e grande quantidade de trabalho na vasta planície ao sul do Lago Titicaca. Tinha aproximadamente seis quilômetros quadrados (cerca de 2,31 milhas quadradas) de tamanho em sua altura (Quilter 2014: 201). Os planejadores da cidade desviaram o vizinho Rio Tiwanaku, o único grande afluente local do Lago Titicaca, para a cidade a fim de criar fossos artificiais ao redor do núcleo urbano cerimonial (Kolata 1996: 228).

O distrito dentro deste núcleo, aproximadamente 65 a 70 hectares (161-173 acres), continha a maioria das estruturas mais importantes, incluindo a Pirâmide Akapana e seus templos acompanhantes, o Kalasasaya e o Templo semi-subterrâneo. O edifício mais significativo fora deste núcleo era o complexo Puma Punku a sudeste, mas deveria haver um distrito mais secular ao redor do fosso, incluindo locais para peregrinos visitantes, depósitos para suas ofertas, edifícios em construção e desconstrução e habitações para os equipe de suporte

(Quilter 2014: 201-205). Não há indicação de distritos dedicados à manufatura, nem aos militares, à defesa ou mesmo à residência de grande número de cidadãos permanentes.

Ao redor da cidade havia uma paisagem agrícola tão rigidamente controlada e moldada pelos Tiwanakus quanto a própria cidade. À medida que alguém se aproximava da cidade, ele ou ela passava por vastos (estimados em dezenas de milhares de hectares) de campos elevados, chamados de Sukakollos no dialeto aimará local, que foram projetados para maximizar o uso da água e mitigar o frio. Os Sukakollos eram alimentados por um elaborado sistema de irrigação baseado no rio Tiwanaku. Consequentemente, conforme o visitante se aproximasse dos recintos sagrados, eles passariam por uma paisagem agrícola produtiva e gerida de maneira impressionante (Erikson 1988; Erikson e Candler 1989).

Foto de Alfonso F. del Granado Rivero de arqueólogos fazendo uma escavação robótica na Pirâmide Akapana

Principais Locais com Assentamentos

Visitantes modernos e, sem dúvida, peregrinos antigos se maravilham com a Puerta del Sol, a Porta do Sol, que hoje fica perto da Pirâmide de Akapana (embora provavelmente não fosse sua localização original). O arco maciço tem aproximadamente três metros de altura e quatro metros de largura; a porta em si é estreita e flanqueada por dois suportes largos. A parte frontal presumida do Portal está praticamente livre de entalhes em suas "pernas" inferiores, exceto por um único recesso em cada lado. No entanto, ao longo do topo da estrutura há um lintel elaboradamente esculpido, com 48 figuras idênticas e padrões geométricos flanqueando uma figura humanoide central. Este indivíduo está usando trajes elaborados e tem um cocar ou raios irradiando de sua cabeça. Enquanto o resto da escultura foi escavado em relevo no plano da superfície, a cabeça e o corpo desta figura projetam-se para fora da estrutura, o que significa que os viajantes que passam pelo portal a sentiriam pairando sobre eles. Este ser, conhecido como Portal de Deus, é descrito em maiores detalhes a seguir. A suposta parte de trás do Portal é esculpida com um desenho geométrico, incluindo dois grandes recessos nas pernas da arcada e quatro ao longo do lintel. O Portal não parece ter uma porta e era uma estrutura independente, não presa a uma parede (Stone-Miller 1996).

O Portal do Sol

Além da localização atual do Portal, ergue-se a Pirâmide Akapana, a estrutura fisicamente mais impressionante do local. Quando visto de cima, ele tem a forma de um "Tiwanaku T", essencialmente uma forma de T "em degraus" que era amplamente encontrada em imagens sagradas em toda a região, mas era especialmente popular na arte Tiwanaku. Como todas as pirâmides das Américas, foi construída como uma série de terraços de seis degraus, ao contrário da forma lisa das pirâmides egípcias. A estrutura tinha 200 metros (696 pés) de comprimento e 17 metros (57 pés) de altura. Possui um núcleo de barro, mas foi revestido com pedras lapidadas (Quilter 2007: 201-2).

No topo do T, bem no centro havia uma larga escada cerimonial que subia até o topo, onde o visitante emergia brevemente para uma vista incrível das montanhas sagradas circundantes (que haviam sido obscurecidas durante a viagem) e o lago, antes de seu caminho descer novamente em um pátio afundado de 50 metros de largura (164 pés) em forma de uma cruz andina, um padrão que muito antecede Tiwanaku e continuou na iconografia regional muito depois da cidade (Ibid 202- 203).

Os visitantes teriam vistas mais do que simplesmente impressionantes para admirar. O Akapana não estava apenas simbolicamente ligado às montanhas, mas também à água. As superfícies eram cobertas por camadas de cascalho verde importado de regiões distantes, e os sistemas hidráulicos que traziam água para os fossos e valas de irrigação também estavam ligados à pirâmide, pois toda a água que caía sobre ela era coletada e depois liberada em um forma controlada ao longo dos canais de drenagem na superfície da pirâmide. Assim, para os peregrinos, parecia que a água brotava milagrosamente da estrutura feita pelo homem, semelhante aos riachos e nascentes que saíam das encostas das montanhas. Essa água então fluía da pirâmide para os fossos e, de lá, para o Lago Sagrado, conectando o complexo ao lago vivificante enquanto servia ao propósito prático de fornecer drenagem durante chuvas raras (Ibid 203). Embora os saqueadores tenham causado danos significativos ao Akapana durante a busca pelo tesouro, os arqueólogos encontraram sepulturas no topo da pirâmide, incluindo homens sentados que não foram enterrados com nenhuma riqueza, sugerindo a possibilidade de que eles podem ter sido monge-sacerdotes ascéticos.

Perto do Akapana está o Templo Kalasasaya, uma plataforma maciça com um pátio submerso no centro, da mesma forma que havia um templo submerso no topo do Akapana. Embora não seja tão alto quanto o Akapana, o tamanho do Kalasasaya rivaliza com o vizinho: tinha 120 metros por 130 metros de tamanho. O complexo quadrado é cercado por paredes de pedra lisa com pilares salientes regulares - quase como estacas em uma cerca moderna -

ao longo de sua borda. Os visitantes subiram uma escada central até o topo da plataforma, onde imediatamente passaram por um portão de pedra para outra parede antes de descer para um pátio oculto, que tem outro pátio rebaixado em seu centro (Quilter 2007: 203).

Imagens da parede e das ruínas do Templo de Kalasasaya

No meio do pátio central está o Ponce Stela, um pilar de pedra monolítico. A Stela (pedra esculpida) tem a forma de um ser humano coberto de formas geométricas carregando algo em cada mão, perto do peito; pode ser o Deus do Portal ou um sacerdote ou líder. Os objetos que a figura carrega são um bastão ou vara em uma das mãos e um béquer chamado Kero ou Qero na outra (Cartwright 2014).

Uma característica deste site que cativa muitos visitantes é que as paredes são cravejadas de cabeças humanas e de animais que se projetam (o estilo é conhecido como "espiga") das paredes lisas; este é um estilo de escultura que lembra o Deus do Portal que se projeta da Puerta del Sol. Hoje, esse notável arco de portal está localizado na esquina do Complexo Kalasasaya.

Também no núcleo cerimonial com fosso estão o pequeno Templo Semi-subterrâneo e o Palácio Putuni. Provavelmente uma das estruturas mais antigas do complexo, o Templo Semi-subterrâneo parece ter sido construído no mesmo estilo do Kalasasaya: um poço submerso com mais de 60 centímetros de profundidade com paredes de pedra cortadas e um pilar de pedra central, a Estela Bennett. A Estela de Bennett é semelhante à Estela de Ponce em seu desenho, com duas diferenças significativas: é mais alta (a escultura de pedra mais alta que sobreviveu nos Andes Antigos) e, enigmaticamente, a figura está chorando. As paredes do templo também são cravejadas com cabeças de espiga entalhadas (Cartwright 2014).

Localizado ao lado do Kalasasaya, o Palácio Putuni é uma adição tardia ao complexo e parece ser um espaço habitado, com áreas que foram identificadas como depósitos e fornos. Túmulos de alto status (aqueles que são acompanhados de roupas e adornos elaborados) foram encontrados sob esta estrutura (Quilter 2007: 203). A estrutura significativa final no recinto central foi o

Kerikala, que ainda é pouco compreendido, mas argumentou-se que era uma residência mais humilde (mas ainda grandiosa em comparação com a casa cotidiana de Tiwanaku), talvez de ordem sacerdotal.

A Disposição de Puma Punku e as Residências

"A cerca de um quilômetro de distância [de Kalasasaya], a mais fina alvenaria de blocos de andesito e arenito, junto com fragmentos de portal primorosamente esculpidos, são encontrados na plataforma 'Puma Punku'. Com 5 m de altura e 150 m quadrados, a frente da plataforma tinha uma fachada megalítica majestosa com duas ou três escadas separadas levando a um número igual de grandes portais esculpidos individualmente em placas únicas de andesito pesando toneladas. Atrás dos portões havia um pátio rebaixado ... "(Moseley 1992: 205)

Quando alguém deixa a atual cidade de Tiwanaku e entra nas planícies poeirentas que cercam o assentamento, uma curiosa estrutura surge nos arredores ao sul. Embora em ruínas durante séculos, graças à construção magistral, um clima seco favorável e recentes esforços de restauração e preservação, muito ainda pode ser feito neste complexo, o famoso templo de Puma Punku.

O visitante passa por um portão simples em uma cerca de arame, passa pela guarita e ao longo de um caminho não pavimentado. A estrutura sobe da planície, formando o que parece ser uma pirâmide baixa. No entanto, isso é enganoso porque conforme o visitante atinge o topo da plataforma coberta de grama, ele percebe que, embora haja uma área plana ao redor do topo do templo quadrado, esta é a fronteira para uma depressão que segue para a rocha - quase como uma cratera de meteoro cubista. Espalhando o solo aqui estão grandes pedras cortadas, geralmente com segmentos retilíneos cortados na lateral delas. Ainda existem algumas partes da parede aqui ou ali, bem como áreas pavimentadas. O local é simples, com apenas alguns sinais interpretativos e passarelas com cordas que conduzem às seções mais interessantes das ruínas.

Em toda a estrutura, as paredes e pisos foram pavimentados com pedra cuidadosamente cortada. A maior parte da construção em Tiwanaku era de adobe, e mesmo as casas das elites tinham andares superiores de adobe no topo de fundações de pedra. No entanto, Puma Punku e outros locais religiosos centrais foram construídos inteiramente de pedra (Giesso 2010: 188).

Muito da maravilha moderna neste trabalho veio da notável precisão usada para cortar essas pedras, não apenas suas formas externas, mas também os orifícios circulares entalhados, em forma de cruz ou em forma de T ou depressões nelas, muitas vezes por razões que são não imediatamente compreensível para o observador moderno.

Eles também costumam cortar depressões retilíneas, às vezes várias delas em sequência nas bordas, especialmente ao redor dos portões. Quilter observa que "o complexo parece ter ficado inacabado, como também é verdade para alguns outros edifícios, mas ainda contém alguns dos melhores trabalhos em pedra do centro cerimonial, incluindo esplêndidos blocos de cantaria mantidos juntos por grampos de bronze, uma característica do trabalho em pedra de maior prestígio. " (2014:203).Na verdade, a fabulosa alvenaria de pedra de Tiwanaku, que atingiu seu ápice em Puma Punku, era tão famosa nos antigos Andes que os incas acabariam importando da região todos os seus pedreiros para sua capital, Cuzco (Stone-Miller 1995: 128).

Apesar de algumas afirmações em contrário, as pedras em Puma Punku são relativamente comuns e fáceis de trabalhar: arenito vermelho e andesito, que é uma rocha ígnea escura e é comumente encontrada em toda a Cordilheira dos Andes (na verdade seu nome "andes-ite" é derivados da região). Tem uma dureza de 7 na escala de Mohs (que mede a dureza relativa das rochas), que é mais difícil do que a maioria do arenito (6 na escala). Em termos práticos, isso significa que as pedras que usam para construir o local não eram fáceis de trabalhar, mas estavam bem dentro das capacidades típicas dos povos andinos da região.

Imagem de uma pedra com uma linha reta e brechas cortadas nela

**Foto de Brattarb de pedaços de blocos de construção
em Puma Punku**

O que não é imediatamente evidente para os visitantes modernos é o quão impressionante este local já foi – para isso, eles precisam confiar nas artes dos arqueólogos que não apenas lá cavaram, mas também realizaram seu trabalho em outras áreas de Tiwanaku e em todos os Andes. Basear-se nas informações aqui e na inferência e comparação com uma centena de outros locais pode fornecer uma reconstrução mais vívida de como é provável que este local tenha sido.

A plataforma ampla – que parece ser uma pirâmide de fora – é de fato composta de três camadas, cada uma um pouco menor que a anterior, construída como um bolo de casamento. A forma geral, ainda visível do ar, tinha a forma de um "T", que era típico do estilo Tiwanaku. O visitante se aproxima do complexo através de um portão inferior na base do "T" que permite o acesso a um conjunto de escadas que levavam até o lado da estrutura até um segundo portão na base da terceira plataforma. O topo da plataforma estava cercado por uma parede baixa, que não era utilizável para a defesa, mas sim mais simbólica. A estrutura geral tinha dois hectares (cerca de cinco acres) de tamanho (Quilter 2014:203).

Viajar pela estrutura também envolveu a transformação da perspectiva em direção à paisagem ao seu redor."Uma vez em Tiahuanaco, nem [o Lago Titicaca] nem [o Monte Illimani] teriam sido visíveis até que os peregrinos escalaram o Puma Punku e o pico nevado ressurgiu além do horizonte da cidade." (Quilter 2014:205) As pessoas de hoje só podem supor a importância simbólica de emergir através de portais em uma visão desses locais sagrados.

À medida que se cruza o topo da plataforma e se aproxima da depressão no centro, ainda andando em linha reta do portão original, há outro conjunto de escadas descendo para a depressão. Do outro lado há outro conjunto de escadas (o que significa que o visitante subiu três níveis, desceu um nível novamente e depois subiu novamente) para se aproximar de uma longa estrutura ao longo da parte de trás. É aqui que os visitantes de hoje chegam ao local, e a maioria não tem uma compreensão completa da forma da estrutura original. Eles também podem não perceber que estão nas ruínas talvez não o maior, mas definitivamente o melhor exemplo do que os arqueólogos descreveram como um "Templo Semi-Subterrâneo de Tiwanaku", uma forma que foi aperfeiçoada em Puma Punku e depois exportada para outros locais rituais sob a influência da grande cidade, onde é bem provável que rituais imitando aqueles no local original foram realizados (Kolata 1987:36).

A tradição do Templo Semi-Subterrâneo (e Puma Punku, seu ápice) foi em si um desdobramento de uma longa tradição andina de "tribunais afundados", que envolvia a construção de espaços rebaixados em locais sagrados. O templo teria incluído uma área escavada para fora da terra com uma escadaria em cada extremidade que os participantes entrariam em uma procissão de uma extremidade, passariam e sairiam do outro lado. Esses templos existiam desde alguns dos primeiros locais pré-cerâmicas e continuaram até o período Tiwanaku, onde a tradição morreu. Moseley supõe que "talvez os poços fossem lugares para reencenar o amanhecer da criação quando as pessoas emergiram da terra interior através de cavernas, nascentes e buracos no chão" (Moseley 1992:111-112).

Há pouca dúvida de que Puma Punku serviu principalmente a um ritual ou propósito simbólico, já que os estudiosos não encontraram nenhuma evidência no período de sua construção de que era uma residência, fortaleza, local de trabalho industrial ou outro uso semelhante. Em vez disso, serviu (juntamente com os dois outros principais centros rituais em Tiwanaku) como um estágio central pelo qual os moradores e peregrinos poderiam participar e, presumivelmente, ser admirados por rituais elaborados. "O Complexo Puma Punku foi projetado para canalizar grupos de pessoas em espaços arquitetônicos especialmente construídos, e para exibir uma série de imagens e atividades simbolicamente importantes e carregadas ritualmente." (Vranich 1999)

Grande parte da atenção dos Tiwanakus no local foi aparentemente dada à manipulação da água. A água da chuva se acumulava no topo da estrutura durante as violentas tempestades periódicas que varrem o vale do Titicaca de dezembro a março, e essa água se acumulava na depressão central recuada, mas era drenada por canais subterrâneos revestidos de pedras. A água recolhida nesta cisterna foi, por sua vez, canalizada para o exterior, provavelmente em quatro direções para as paredes exteriores.

Quando a água atingiu as paredes externas, ela o fez na superfície vertical do terraço, onde emergiu na forma de uma fonte ou cascata que então atingiu a superfície plana do próximo terraço inferior onde prosseguiu por uma curta distância antes de ser uma vez novamente canalizado sob a superfície para reemergir da mesma maneira na próxima plataforma do terraço. Continuaria assim, tecendo dentro e fora da terra, até chegar ao solo onde seria canalizado para o fosso que circundava Puma Punku. Essa água acabaria drenando para o próprio Lago Titicaca.

Assim, em Puma Punku, a manipulação da água ia além da mera existência dos fossos; a arquitetura do complexo focada em gerenciar o fluxo de água por toda parte, conectando simbolicamente a cidade ao lago. Os peregrinos teriam visto as águas emergindo das áreas centrais, escorrendo para alimentar as águas maiores dos fossos e, por extensão, o próprio Lago Titicaca. Os visitantes deveriam estar familiarizados com as longas tradições da região de irrigação e canalização de água, mas a complexidade dos sistemas em Puma Punku estaria além de qualquer coisa que eles haviam encontrado antes. (Ortloff 2009).

De muitas maneiras, esse sistema é paralelo à drenagem

natural de água das montanhas circundantes, que se acumulava em lagos altos e então desciam por encostas íngremes, periodicamente emergindo e desaparecendo da terra. Sem essas águas da montanha, a agricultura - e, portanto, civilização complexa - não teria sido possível no Vale do Titicaca. É claro que também seria uma demonstração impressionante de sofisticação tecnológica que, sem dúvida, teria impressionado os visitantes. (Kolata 1996: 232-3).

Para compreender plenamente Puma Punku como um espaço sagrado, é necessário também contextualizar o local, tanto em comparação com outros locais sagrados da cidade como na paisagem circundante. "Como em outros locais cerimoniais nos Andes, a arquitetura de Tiahuanaco foi integrada a uma paisagem sagrada que incluía alinhamento com características geográficas e eventos celestes." (Quilter 2014: 205)

O centro urbano é construído em torno da Pirâmide Akapana, que é o ponto mais meridional de um padrão de grandes plataformas andinas. Com 15 metros de altura e 200 metros de lado, como Puma Punku, a pirâmide é encimada por um topo plano com estruturas de pedra e um pátio rebaixado (Moseley 1992: 203-4). Este é cercado por outros templos de pedra e pátios submersos. A oeste da plataforma central "e alinhadas com ela, escadas monolíticas encimadas por um portal proeminente davam acesso ao cume espaçoso da plataforma 'Kalasasaya'" (Moseley 1992: 204).

O layout da cidade foi, portanto, definido por três grandes complexos de templos: Akapana, Kalasasaya e Puma Punku. As duas primeiras estão localizadas próximas e formam um eixo centro norte-sul, enquanto a localização de Puma Punku pode ter dividido a cidade em duas metades desiguais - o que era uma organização social andina típica (até o século 19) que dividiu grupos sociais em metades de tamanho e importância desiguais (Stone-Miller 1995: 127). Hoje eles formam o centro do principal parque histórico e estão próximos ao Museu Tiwanaku e à coleção de cerâmica.

A organização cultural andina baseava-se nos conceitos de dualidade, tanto na arte como na sociedade e Puma Punku foi pensado para ser o centro da menor das duas metades da cidade. Cada uma foi "deliberadamente cercada por um fosso para estabelecer este complexo como um arquipélago sagrado, o centro cosmogênico da cidade e do estado" (Giesso 188-9).

Os antigos construíram Tiwanaku para representar um centro espiritual da terra - o que é referido nos estudos religiosos comparados como um "axis mundi". Parte disso envolvia o conceito de ilhas sagradas - de fato, tanto o Tiwanaku quanto o Inca, muitos séculos depois, venerariam locais sagrados na Ilha do Sol e na Ilha da Lua, ambas no vizinho Lago Titicaca (Giesso 2010: 88-89). Como Akapana, que imita na forma, senão no tamanho, Puma Punku "é um elaborado santuário de montanha projetado para coletar água e conectá-la de um terraço estrutural a outro como um ícone poderoso de fertilidade e abundância agrícola". (Giesso 188-9).

Acredita-se que o nome original do local seja "Taypikala" - ou "Pedra no Centro" - que se refere ao seu lugar no coração do universo sagrado (Kolata 1996). Enquanto alguns observadores modernos argumentam que Puma Punku foi projetado para a chegada de extraterrestres, qualquer observador sério do local percebe que seu layout, embora ainda notável, era muito mais terreno, já que toda a estrutura ecoa, amplifica e se refere à paisagem ao redor isto.

À medida que as pessoas interpretam os significados e usos dos edifícios, essa ligação com a paisagem sagrada, especialmente com o Lago Titicaca, é o mais importante a ser lembrado.

Fundação de Tiwanaku e Seus Primeiros Anos

Parece que a identidade de Tiwanaku se confunde com a adoração do Deus do Portal, a figura que aparece sobre a Puerta del Sol. Com o desenvolvimento da cidade, ela se tornou um centro de devoção a essa divindade, atraindo peregrinos e admiradores de toda a região central dos Andes. Portanto, a história de Tiwanaku começa com a história do Deus Portal.

O Deus do Portal é a expressão Tiwanaku de uma divindade pan-andina chamada Deus da Equipe. O Deus do Cajado é apresentado na iconografia religiosa mais antiga conhecida encontrada nos Andes, uma cabaça entalhada de 4.000 anos que foi datada por radiocarbono (Hoag 2003). Os elementos comuns do ícone incluem uma figura mostrada de frente com os pés abertos, a cabeça com uma boca larga com presas e / ou um cocar e um bastão em cada mão. A divindade era frequentemente acompanhada por duas linhagens de seres inferiores, às vezes humanos ou aviários (Moseley 1992: 206). O Portal de Deus na Puerta del Sol tem vários desses elementos: dois bastões, o cocar e o acompanhamento das aves (embora, neste caso, quarenta e oito dispostos em dois grupos paralelos iguais.

O Deus do Cajado foi particularmente importante na cidade de Chavín, que antecedeu Tiwanaku, mas as duas cidades se sobrepuseram aproximadamente dois séculos antes do colapso da civilização anterior. Chavín estava localizado muito mais ao norte do Lago Titicaca e na costa, mas teve um enorme impacto ideológico e religioso sobre grande parte do que hoje é o Peru e a Bolívia. Em Chavín, essa figura representava a dualidade das naturezas masculina e feminina (Cartwright 2015a).

As influências do poderoso Chavín chegaram ao longo das rotas comerciais na Bacia do Titicaca. No entanto, não se sabe até que ponto os moradores da Bacia do Titicaca já cultuavam o Deus Cajado / Portal e até que ponto eles adotaram ou mudaram suas crenças sob a influência de Chavín.

Que gente é esta? Por causa da falta de história escrita e rupturas na história oral das conquistas incas e espanholas, a identidade dessas pessoas sempre será um mistério. O palpite mais bem informado é que eles eram um grupo conhecido no período colonial como Puquina; embora a língua puquina esteja hoje extinta, resquícios do grupo ainda existiam no século 17. Eles falavam uma língua diferente das línguas dominantes do Império Inca (Quechua e Aymara), e suas terras tradicionais, as margens sul do Lago Titicaca, haviam sido conquistadas por esse povo após o declínio de Tiwanaku (Faura 2014).

A data mais antiga para a fundação real de Tiwanaku é aproximadamente 400 aC, quando o assentamento era uma pequena comunidade ribeirinha, uma das muitas cidades supostamente falantes de puquina que aproveitavam o clima favorável da Bacia do Titicaca e dos rios circundantes. Lentamente, Tiwanaku emergiu desse contexto como a potência dominante do lado sul do lago, embora os detalhes dessa elevação tenham se perdido no tempo.

Durante esses primeiros séculos, o lado norte da bacia foi dominado por outro assentamento presumivelmente de língua Puquina chamado Pucará, que predominou por volta de 300 aC-300 dC. As primeiras camadas de vestígios arqueológicos em Tiwanaku mostram uma predominância de cerâmica no estilo Pucará (Britannica 2001). Tanto Pucará quanto, por fim, Tiwanaku eram caracterizados por níveis crescentes de complexidade e hierarquia social, política e econômica. Embora esse nível de centralização de autoridade já estivesse presente em outras áreas dos Andes antes disso (como Chavín), a Bacia do Titicaca nunca teve qualquer tipo de assentamento além de pequenas aldeias agrícolas independentes.

No entanto, as duas potências emergentes não eram apenas maiores do que as comunidades vizinhas, mas podem tê-las dominado politicamente. Eventualmente, surgiram aproximadamente quatorze comunidades significativas, com os dois poderes dominantes e aproximadamente uma dúzia de assentamentos de nível médio e numerosas aldeias agrícolas menores. Isso levou a uma situação política complexa, em que a competição entre as duas grandes potências provavelmente se desenrolou em um padrão de alianças mutantes e conflitos entre as comunidades menores dispostas na paisagem da bacia entre elas (Stanish 2003a).

Apesar do fato de Tiwanaku e seu rival serem os maiores e mais sofisticados assentamentos que o Puquina da Bacia do Titicaca já viu, seus governos, economias e estruturas sociais eram relativamente rudimentares em comparação com o que Tiwanaku se tornaria em períodos posteriores. O governo era um sistema chamado de "chefia" pelos antropólogos, o que significa que era centrado no poder de um único governante que mantinha o controle por meio do governo direto sobre seu povo. Essa falta de burocracia entre o governante e os governados significava que havia um limite superior finito para o tamanho da área que Tiwanaku poderia controlar: aquela que seu líder poderia administrar diretamente. Além disso, o foco em líderes únicos sem a existência de uma burocracia estabilizadora significava que os chefes eram relativamente instáveis e freqüentemente desmoronavam em conflitos internos.

As chefias da Bacia do Titicaca podem ser identificadas arqueologicamente pela criação de uma forma peculiar de edifício público: um templo semissubterrâneo. O exemplo destes de Tiwanaku (descrito acima) pode ter sido uma das primeiras estruturas a sobreviver, e como o assentamento cresceu em destaque, ele foi acompanhado por uma segunda estrutura principal: o Templo Kalasasaya. É provável que o povoamento inicial consistisse nessas estruturas cerimoniais, cercadas pela casa da liderança e de seus seguidores mais próximos e, na época, por famílias de agricultores e artesãos menos poderosas. Essas estruturas também se tornaram o modelo no qual os edifícios mais notáveis do local, o Akapana e o Puma Punku, foram baseados.

Argumenta-se que o antigo Tiwanaku pode ter tido um sistema religioso baseado na lua, com ênfase em um calendário baseado nos ciclos lunares. A evidência disso é baseada na localização dessas duas estruturas iniciais e seus alinhamentos com os fenômenos lunares.

No entanto, na década de 300, a influência de Pucará começou um declínio terminal, e isso foi acompanhado por um aumento de poder e influência para Tiwanaku, que surgiu na década de 400 como o maior e mais influente assentamento em toda a Bacia do Titicaca.

Período Clássico

"Eles se aproximariam dos portões de Puma Punku - talvez o tremendo Portal do Sol - e veriam as laterais da pirâmide cobertas por tapeçarias de cabelo de lhama brilhantemente tingidas, azulejos de cerâmica coloridos e placas de ouro e prata altamente polidas e entrariam no complexo. Talvez eles encontrassem imagens de sua própria huaca local, lembrando-os de como eram subservientes a essas pessoas, mas também de como eram membros de um coletivo religioso mais amplo incorporado naquele lugar. Eles podem ter se sentido orgulhosos do trabalho magistral dos peregrinos que os precederam e da glória de seus deuses." - Dr. Jesse Harasta, 2013

Não se sabe se Tiwanaku conquistou seu rival ou se os líderes da cidade simplesmente se aproveitaram de uma situação benéfica e preencheram o vácuo de poder. O que se sabe, porém, é que este foi o início do período mais significativo da história de Tiwanaku e quando a cidade ganhou suas características únicas.Este período, muitas vezes chamado de Horizonte Médio pelos historiadores regionais, é aqui referido como o "Período Clássico" de Tiwanaku.

O desaparecimento de Pucará desencadeou a mudança mais significativa e rápida na longa história de Tiwanaku. Começando talvez por volta de 375 dC e estendendo-se até os anos 400, este período envolveu a transformação fundamental da estrutura de governo de Tiwanaku e uma reconstrução de seu núcleo urbano cerimonial. As elites de Tiwanaku se viram repentinamente no controle de um território muito maior do que poderiam controlar usando suas velhas técnicas de governança personalizada de "chefia". Embora a natureza exata do governo que eles criaram tenha se perdido no tempo, eles obviamente criaram uma forma eficiente e eficaz de governança estadual e o fizeram com rapidez suficiente para que nenhum rival surgisse para desafiar seu governo. Isso deve ter envolvido alguma forma de burocracia indireta, e podemos ver evidências de que o surgimento de Tiwanaku como um estado centralizado levou à criação de novas formas de diferenciação de classe social em toda a bacia. Ao centralizar esse poder econômico e político para si mesmos, eles criaram o que os arqueólogos chamam de "estado agropastoril" (Moseley 1992: 206-8). Como a agricultura era limitada em seu escopo e alcance, muito de seu poder vinha sobre o controle de áreas pastoris - isto é, aquelas áreas da bacia onde as pessoas dedicavam suas vidas a criar camelídeos (principalmente lhamas e alpacas) para obter carne e fibras. Isso segue um padrão andino generalizado, onde terras agrícolas limitadas, em comparação com outros impérios ribeirinhos em outras partes do globo (como Egito ou China), significava que os construtores estatais, em vez disso, muitas vezes dependiam da pecuária em vez de grãos como base para seu poder econômico (Browman 1981)

O lado agrícola desta equação foi baseado em três culturas: quinoa, milho e batata (além de outros tubérculos). As ricas terras à beira do lago eram cuidadosamente administradas pelo povo da bacia, construindo grandes canteiros elevados e elaboradas medidas de irrigação e drenagem (Erikson 1988; 1989). A quinoa era a mais importante dessas culturas à beira do lago, mas com o passar do tempo parece que mais milho foi cultivado, talvez para atender a novos gostos. Com o tempo, o milho foi cultivado mesmo em condições climáticas desfavoráveis em assentamentos periféricos, enquanto os tubérculos vieram principalmente das comunidades vizinhas mais frias (Schultz 2010). A preferência de Tiwanaku pelo consumo de milho pode ser vista como um exemplo de uma forma não centralizada de influência em outros assentamentos, com gostos criando condições de mercado favoráveis que mudaram outras comunidades.

Tiwanaku solidificou seu controle sobre a bacia central por meio de um sistema mais tarde usado pelo Inca conhecido como "captura de huaca". Embora o termo seja Inca e os falantes de puquina de Tiwanaku provavelmente tivessem outro nome para eles, um "huaca" é um conceito pan-andino para um "santuário ou entidade impregnada do sagrado. Huacas inclui qualquer coisa, desde ovos de gema dupla a elementos portáteis e características proeminentes da paisagem natural, como uma pedra, caverna, montanha ou primavera, ou um monumento religioso do ambiente construído "(Giesso 2010: 76). Ao assumir o controle desses locais e objetos, a elite Tiwanaku poderia afirmar o domínio espiritual sobre a paisagem. Em seguida, eles pegaram representações físicas desses locais geralmente distantes, geralmente esculturas, e as colocaram em seus locais sagrados como emblemas desses links. Os centros rituais criados ou reconstruídos neste novo período, incluindo Akapana e Puma Punku, estavam "cheios de esculturas em estilos não Tiwanaku, representando huacas que são geograficamente, temporalmente, estilisticamente e etnicamente estranhos a Tiwanaku" (Giesso 2010: 189). Esta é a origem da chamada "Parede da Humanidade", as numerosas pontas de espiga encontradas no Templo Semi-subterrâneo ou no Templo Kalasasaya. Isso pode ser análogo a uma catedral na Inglaterra exibindo bandeiras e brasões de várias regiões do Império Britânico, retratando povos e animais estrangeiros nas Ilhas Britânicas (Giesso 2010: 189; Leicht 1960: 76-8). Em um plano espiritual, os huacas formaram uma rede de poder conectada entre si e reforçando a sacralidade dos templos centrais de Tiwanaku. Essa estratégia precisa foi repetida mais tarde pelos Incas.

No entanto, a história da ascensão de Tiwanaku não parece ser paralela à ascensão de impérios em outros lugares. Não há evidências de que as legiões de Tiwanaku marcharam na conquista nem de que Tiwanaku manteve um elaborado sistema de governo direto. Embora o assentamento fosse absolutamente a força dominante na Bacia do Titicaca e além, parece que esse domínio não assumiu uma forma militar ou política, mas principalmente econômica e espiritual.

As elites de Tiwanaku parecem ter investido profundamente no comércio de longa distância, usando grandes caravanas de lhamas para cruzar longas distâncias. Eles importaram, em particular, sal e prata de lugares tão distantes quanto o atual centro do Peru e o norte do Chile (Schultze 2008). Por sua vez, eles parecem ter exportado esculturas em madeira, têxteis, ouro e cerâmica, e os arqueólogos mostraram que, à medida que Tiwanaku se destacava, seus bens (ou bens em seus estilos) são cada vez mais encontrados em outros lugares (Moseley 1992: 207).

Um produto particularmente importante para a interpretação arqueológica do sítio foi a cerâmica; a cerâmica - mesmo a quebrada - preserva bem e é amplamente difundida, o que permite que ela sirva como uma importante fonte de informações de sítios arqueológicos de todo o mundo. Durante esse período, a comunidade político-econômica mais ampla de Tiwanaku (não necessariamente o local central de peregrinação em si) parece ter produtos de cerâmica produzidos em massa com carimbos simbólicos distintos. O significado exato dessa padronização é difícil de determinar; pode mostrar a gestão centralizada do processo por um governo de Tiwanaku (uma interpretação tradicional), mas também pode ser um indicativo de como esses objetos foram padronizados por meio das necessidades de ritual compartilhado, de forma que a Igreja Católica não produz todos os implementos usado em todas as missas no mundo, mas estabelece os padrões pelos quais todos esses implementos são criados se eles forem usados e considerados suficientemente sagrados. No caso de Tiwanaku, essas cerâmicas assumiram duas formas: Keros e Tazones. Embora fossem distintos, ambos eram recipientes para bebidas em grés vermelho com bocas alargadas e decorados com padrões padronizados. Como essas comunidades também tinham vasos de cerâmica comuns mais simples e menos finos, essas formas distintas de Tiwanaku podem ter sido usadas para cerimônias ensinadas por sacerdotes do Deus Portal, e sua posse indicava dedicação a essa divindade. Estes eram tão difundidos que parece que eram usados por todos os estratos da sociedade (Haupt).

Um dos locais mais bem estudados e mais proeminentes na órbita de Tiwanaku foi o assentamento próximo de Lukurmata, que tinha aproximadamente 1.000 habitantes cultivando canteiros elevados e pescando ao longo das margens do Lago Titicaca ao norte de Tiwanaku (Bermann 1994). Lukurmata ocupou uma rota principal de peregrinação em Tiwanaku e prosperou com o tráfego de passagem, mas não parece que este pequeno povoado fosse controlado diretamente ou sua economia dirigida por Tiwanaku da mesma forma que o Inca direcionaria assentamentos periféricos em séculos posteriores (Haupt). Dito isso, eles usavam muitas cerâmicas no estilo Tiwanaku e tinham um conhecimento compartilhado sobre irrigação, planejamento cívico e agricultura com seu vizinho mais famoso (Ortloff e Kolata 1989). Lukurmata mostra como Tiwanaku teve uma tremenda influência econômica, espiritual e cultural sobre seus vizinhos, sem necessariamente dominá-los.

Parece que as elites de Tiwanaku foram capazes de tirar vantagem de um sistema religioso compartilhado pré-existente baseado no Cajado ou Portão de Deus. O sistema econômico da Bacia do Titicaca já era relativamente precário e, devido à falta de uma base importante para a agricultura de grãos, parece que as elites locais nunca foram capazes de solidificar completamente o controle; em vez disso, eles criaram uma rede de comércio livre de cidades-estado em torno de si que compartilhavam uma única religião centrada completamente no local de Tiwanaku e peregrinação ao assentamento central. Parece que, em vez de governar, as elites de Tiwanaku serviram como mediadores religiosos e conselheiros para muitos assentamentos menores. Com o tempo, o assentamento de Tiwanaku foi totalmente reconstruído em torno dessa nova dimensão político-religiosa.

O Novo Centro Sagrado

"No centro da cidade, edifícios e monumentos subiam e desciam, subiam e desciam a uma taxa incrível, nada era terminado completamente porque eles estavam apenas preocupados com as fachadas. Eles tiveram que mudar continuamente as exibições para manter as multidões chegando "(Vranich, citado em Mann 2005: 234).

Visto que os Tiwanaku não escreveram suas ideias religiosas, a melhor fonte de informação sobre essa revolução política, social e religiosa vem da arquitetura exibida no núcleo sagrado de Tiwanaku. Em seu texto sobre a análise de antigas cidades maias, Brett Houk (2017) observa que, ao interpretar cidades habitadas por pessoas que não escreveram (como em Tiwanaku) ou das quais pouca escrita sobreviveu, podemos interpretar três camadas de significado desde o próprio design de suas próprias cidades.

Com base em Smith (2007), as três camadas de significado são de nível baixo, nível médio e nível alto. Significados de baixo nível são aquelas maneiras que o ambiente construído de uma cidade canaliza e molda o comportamento das pessoas: Onde eles podem andar? O que eles podem ver? Como alguns espaços são construídos para algumas atividades e não outras? Significados de nível médio são as mensagens que os designers pretendiam transmitir por meio de seus edifícios: Para que era este edifício? Transmite grandeza ou medo ou inspira admiração? O que isso diz sobre o que acontece dentro dele? Significados de alto nível são "simbolismo cosmológico e sobrenatural que pode ser codificado em edifícios e layouts de cidades" (Smith 2007: 30).

Essa abordagem é particularmente útil com Tiwanaku porque o que Houk escreve sobre os antigos maias parece ser igualmente válido para Tiwanaku: "Como os governantes maias estavam intimamente ligados às suas cidades, a história do desenvolvimento de uma cidade maia é uma representação do sucesso político e econômico de seus governantes" (2017: 20). Na ausência de textos escritos, as pessoas podem tratar a paisagem urbana de Tiwanaku — tão cuidadosamente gerenciada e planejada como qualquer lugar do mundo antigo — como um texto cheio de significado a ser interpretado.

O que foi construído em Tiwanaku em uma única geração no final dos anos 300 foi notável por sua audácia, habilidade e permanência. Charles Mann (2005) argumenta que o que emergiu foi uma mistura de "o Vaticano" e "Disney World". Pelo Vaticano, ele significa um lugar de sacralidade suprema - um local cheio de antigos edifícios sagrados, monumentos e artefatos onde líderes religiosos de suprema política, mas apenas políticos indiretos, poder residem. Pela Disney World, ele acrescenta a ideia de exibicionismo, de glamour superficial e de maravilhas fabricadas. Mas o que ambas as comparações compartilham é que é um lugar de atração singular que atrai visitantes de muitas nações e idiomas para uma experiência compartilhada. O argumento é que, no auge do Período Clássico, Tiwanaku era menos uma cidade do que um destino e não tinha uma população tanto quanto uma equipe de zeladores.

Através das ruínas de Tiwanaku, os arqueólogos entenderam que havia um interesse contínuo na experiência e percepção do visitante — um exemplo clássico de significados de baixo nível. Houve uma grande consciência dos pontos de vista e controle da experiência do visitante. Por exemplo, uma vez, segundo Quilter, em Tiahuanaco, nem [o Lago Titicaca] nem [o Monte Illimani] teriam sido visíveis até que os peregrinos escalaram o Puma Punku e o pico nevado ressurgiu além do horizonte da cidade." Esta era uma cidade famosa por suas portas de entrada, e os estudiosos têm imaginado a importância simbólica de emergir através de portas em uma vista desses locais sagrados e de maravilhas cada vez mais impressionantes. Os peregrinos foram cuidadosamente movidos através do complexo sagrado de uma experiência para outra: um momento mergulhando no escuro e úmido "submundo" de templos semi-subterrâneos onde padres falavam através das bocas de estátuas e, em seguida, surgindo na luz brilhante do dia e olhando para lugares sagrados e ouvindo mitos e lendas. Moseley descreve o local dizendo que "talvez os poços fossem lugares para reencenar o amanhecer da criação quando as pessoas emergiram da terra interior através de cavernas, nascentes e buracos no chão" (Moseley 1992:111-112).

Em um exemplo de significado de alto nível, parece que houve uma tentativa consciente após 500 D.C. de integrar a paisagem construída de Tiwanaku em dois elementos do mundo natural: os ciclos do calendário solar e as paisagens sagradas da Bacia de Titicaca. Uma mudança nesse nível, sem dúvida, foi acompanhada por grandes reformas na doutrina religiosa e as mudanças tectônicas da classe social e da hierarquia; é possível que as transformações sociais vieram primeiro e as novas doutrinas vieram como um conforto para as pessoas que buscam entender seus lugares em uma paisagem recém-hierárquica.

Este argumento para a inovação religiosa como um bálsamo para a convulsão social que acompanhou o desenvolvimento da agricultura em massa e estados hierárquicos burocráticos tem sido feito por historiadores da religião desde o filósofo Karl Jaspers no século 19 . A partir de Jaspers e pensadores posteriores, Karen Armstrong (2000) argumenta que há uma "Era Axial" quando essas transformações ocorreram e durante as quais novos sistemas religiosos surgiram que definem nosso mundo moderno; ela discute os exemplos de Hinduísmo e Budismo na Índia, Confucionismo e Daoísmo na China, monoteísmo judeu e filosofia racional grega, todos como produtos do profundo mal-estar espiritual desta "Era Axial" (Armstrong 2007). É possível que, embora não tão bem compreendidos como esses exemplos devido à falta de registros escritos, as transformações religiosas em Tiwanaku seguiram um padrão semelhante e prepararam o palco para a religião solar dos incas.

Tiwanaku não tinha mercados, indústria, e nenhuma grande população porque, essencialmente, não era realmente uma cidade maior do que a atual Rua Principal da Disney, nos EUA, que recebe muitas mais pessoas anualmente. Peregrinos chegaram de perto e de longe, trazendo oferendas de bens e mão-de-obra. Eles foram recebidos por padres que os ajudaram em cada passo ao longo de sua experiência. Além de suas experiências na Delegacia Sagrada no núcleo da cidade — provavelmente um ponto alto de sua peregrinação — eles também teriam trabalhado na cidade (oferendas de trabalho têm sido uma característica da peregrinação andina há séculos). No entanto, havia tantos peregrinos que parece que os sacerdotes tiveram que inventar trabalhos para eles. Assim, nas partes externas da cidade, os peregrinos foram colocados para trabalhar construindo grandes estruturas de pedra sem propósito, e então outros grupos de peregrinos desmontavam esses edifícios de pedra por pedra para que outros pudessem construí-los novamente. Às vezes, parece que algumas dessas estruturas eram apenas meio desconstruídas, talvez para dar um ar de antiguidade à cidade como ruínas (nada é mais atmosférico do que uma antiga ruína evocativa). Oferendas alimentavam os padres e outros funcionários e os mantinham em um estilo de vida de alguma grandeza. O poder de Tiwanaku foi mantido através do cuidadoso controle da percepção, e ao fazê-lo, manteve sua preeminência na região (Vranich 2003).

Através da bacia e além, os crentes construíram templos semelhantes a Tiwanaku, usaram bens inspirados em Tiwanaku (especialmente cerâmicas cerimoniais), e aparentemente enviaram enviados e peregrinos carregados de oferendas e presentes para Tiwanaku. O que primeiro parecia arqueologicamente ser um império de conquista e coerção parece agora ser algo mais sutil, mas talvez tão potente: um império do espírito e da mente, uma comunidade de crentes unidos pelo Deus gateway e o amor compartilhado e experiência das maravilhas de Tiwanaku.

Puma Punku como um Centro de Peregrinação

"Os nativos dizem que todos esses edifícios foram construídos antes da época dos Yncas, e que os Yncas construíram a fortaleza de Cuzco em imitação deles. Eles não sabem quem os ergueu, mas ouviram seus antepassados dizerem que todas essas obras maravilhosas foram concluídas em uma única noite. As ruínas parecem nunca ter sido concluídas, mas ter sido apenas o início do que os fundadores pretendiam ter construído." - Garcilasso de la Vega, 1530 (citado em Cieza Léon 1883: CV)

A construção do Puma Punku remonta a aproximadamente 500 CE, com base em datas de radiocarbono retiradas de materiais orgânicos encontrados no preenchimento sob os níveis mais baixos da estrutura (Vranich 1999). Isso colocaria a estrutura firmemente dentro do período do florescimento da sociedade tiwanaku, quando caravanas de camelos e peregrinos fluíram para a cidade do outro lado dos Andes e a cidade estava firmemente no controle de seus arredores imediatos no Vale da Titicaca.

Ao contrário de muitos locais ao longo das Américas, Puma Punku parece ter sido concebido e planejado em sua totalidade e construído mais ou menos em um único período prolongado de trabalho. Não há evidência de versões anteriores do templo no local, nem de grandes reformas. Considerando a simetria harmoniosa da estrutura, parece que qualquer renovação ou expansão que quebre a uniformidade teria sido anátema para o Tiwanakus. A notável qualidade da estrutura e sua alvenaria também é provavelmente devido a essa concepção e execução unificadas; as técnicas e desenhos já teriam sido aperfeiçoados em outros lugares (como no complexo de Akapana) e precisavam apenas ser colocados em uso magistral no local. Na verdade, eles tinham não apenas seus próprios locais para desenhar, mas modelos em outros locais regionais, como a cidade vizinha de Lukurmata. Em essência, tudo o que o povo de Tiwanaku tinha que fazer era pegar esses modelos e torná-los maiores e melhores (Schultze 2008:100).

Embora a construção do local represente definitivamente o clímax arquitetônico e artístico da civilização Tiwanaku, não exigiu um grande salto na tecnologia de construção. O material principal são blocos de pedra esculpidos em andesite ou arenito. As técnicas para este tipo de escultura foram difundidas em todos os Andes na época e são demonstradas em outras áreas de Tiwanaku e ruínas além dele. Algumas dessas pedras foram mantidas juntas usando grampos metálicos feitos de uma liga de cobre, arsênio e níquel, que foram marteladas a frio em um único metal. Nesse sentido, os povos andinos eram conhecidos por sua metalurgia e especialmente por suas ligas complexas. Por exemplo, os povos antigos da Colômbia moderna criaram uma notável liga de ouro e cobre chamada tumbaga.

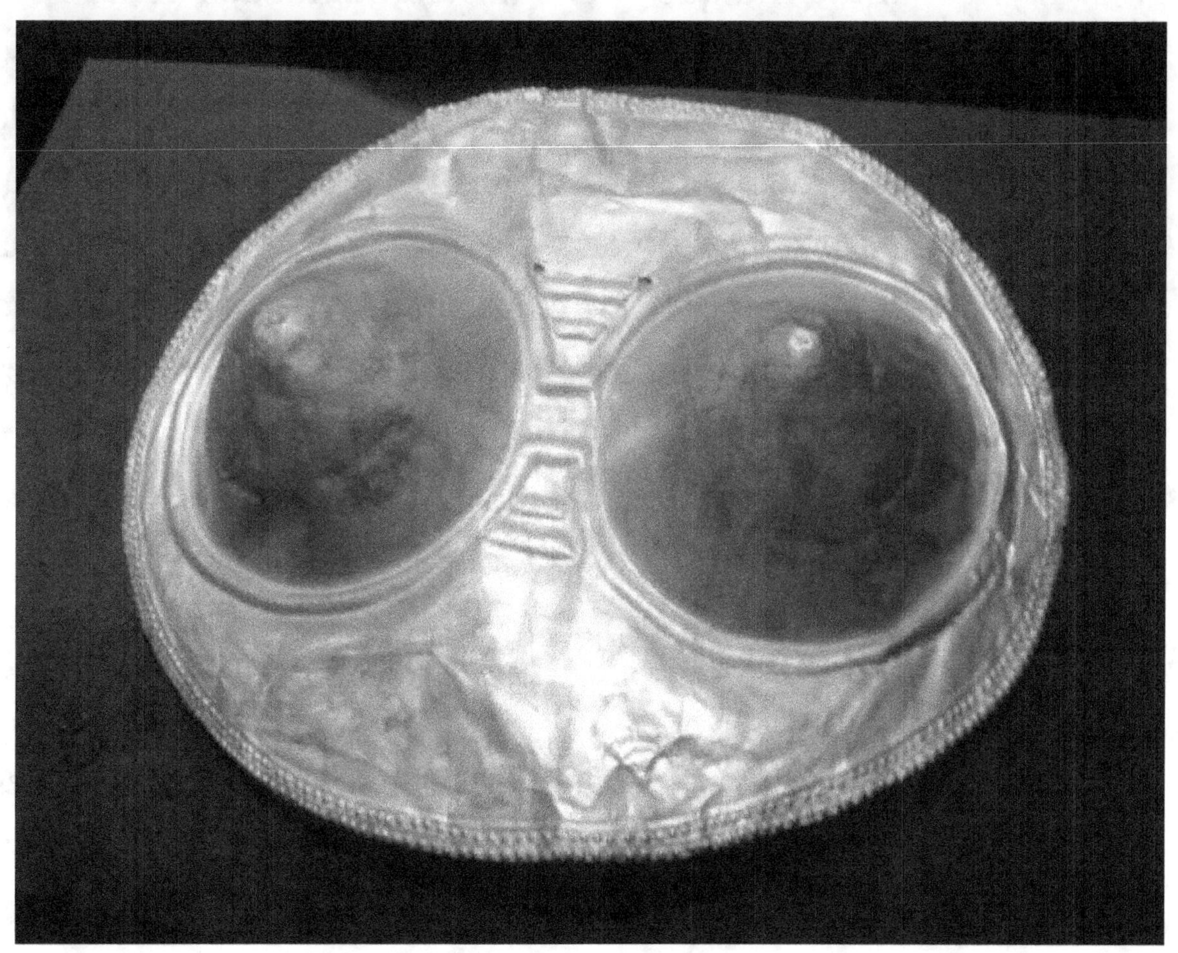

Um peitoral de tumbaga

Como os Tiwanakus não possuíam escrita e tanto os impérios incas quanto espanhóis eram hostis à preservação do conhecimento das civilizações andinas anteriores, não há relato direto ou conhecimento do processo de construção de Puma Punku. No entanto, os historiadores podem inferir muito com base na natureza das estruturas e no que é conhecido das ordens sociais tiwanaku e andinas.

A unidade social básica em todas as Terras Altas é o "Ayllu", um termo que existe nas comunidades aimarás da atual região, bem como nos povos quechua ao norte no coração do antigo Império Inca. Um aílo é um grupo de pessoas que todos traçam sua descida a um único ancestral compartilhado – embora esse ancestral possa ser uma figura mitológica. Eles compartilham um território e são relativamente economicamente autossuficientes. Esses grupos normalmente controlam uma série de diferentes zonas ambientais nas terras altas e, portanto, teriam acesso a muitos tipos de recursos e todos adorariam, no mínimo, uma huaca compartilhada.

Como o controle sobre inúmeras zonas climáticas exigia uma organização sofisticada do trabalho – muitas vezes com diferentes trabalhos especializados que precisavam ser realizados simultaneamente em diferentes lugares –, o ayllu desenvolveu a capacidade de gerente e direcionamento de seu próprio trabalho à distância de formas complexas, um elemento de sua organização que foi fortemente utilizado pelos eventuais impérios que surgiriam nos Andes (Moseley 1992:49-65). Grande parte do processo de construção do Estado em Tiwanaku envolveu a captura de huacas e as lealdades - sem mencionar os recursos humanos e materiais - de vários ayllu.

Tiwanaku em seu auge pode ser entendido como uma confederação em mudança ou coleção de ayllu, provavelmente abrangendo uma série de linguísticas e divisões étnicas. O templo de Puma Punku, com suas muitas exibições de huaca, seria um indicativo desta comunidade poliglota e poli-identidade (Janusek 2004). A majestade de Puma Punku é em si um produto desta entidade, e sua construção teria envolvido a contratação de mão-de-obra peregrina enviada por vários ayllu, que por sua vez cuidaram da manutenção e organização do trabalho (Goldstein 2005). A observação espanhola do trabalho de ayllu no Império Inca mostra que esses sistemas podem ser altamente eficazes na organização de projetos de construção maciça, de Puma Punku a Machu Picchu.

É provável que a construção de Puma Punku no século VI tenha sido devido ao fato de tiwanaku ter emergido recentemente como a cidade dominante na região. Durante grande parte de sua história inicial, Tiwanaku tinha sido uma das muitas polípeas rivais ao redor do Lago Titicaca, mas no segundo século seu único rival era Pukara no lado norte no Peru de hoje. No entanto, em algum momento do século III, Pukara simplesmente entrou em colapso e a cidade ficou desabitada, com a população se dispersando para o campo. Se essa eliminação de Pukara foi devido à ação direta de Tiwanaku ou devido a fatores externos e/ou naturais, o resultado final foi que Tiwanaku foi capaz de consolidar o controle sobre a região, o que significava que era a fonte de imensa riqueza e poder pelo século 6. (Mann 2005:230).

Sem dúvida, essa consolidação e criação de uma elite orientada a Tiwanaku envolveu a conquista ou absorção de muitos mais huacas em toda a Bacia de Titicaca. Para controlar essa população expandida, Tiwanaku tornou-se um "Estado predatório", e o império era composto por um "arquipélago de cidades que reconheciam a preeminência religiosa de Tiwanaku" e estavam "admirados por sua magnificência, [e] temerosos dos poderes sobrenaturais controlados por seu sacerdócio". (Mann 2005:230).

No entanto, para que essa estratégia tivesse sucesso, as elites de Tiwanaku precisavam de estruturas suficientemente impressionantes para atrair peregrinos visitantes e realizar seus rituais necessários. Pode ser inferido a partir da qualidade da obra demonstrada no site e do incrível custo que deve ter incorrido que Puma Punku foi aparentemente uma pedra angular nesta estratégia. A religião parece ter servido como a força unificadora para a região, unindo povos que não compartilhavam língua ou tradições étnicas, mas poderiam ser obrigados pela veneração a uma didade compartilhada e às experiências compartilhadas de peregrinação e oferendas nos santuários centrais de Tiwanaku como Puma Punku.

Uma vez construído, Puma Punku parece ter servido principalmente como um lugar de exibição, intimidação e temor. A concepção moderna da "cidade" é um lugar que combina muitas características, como uma grande população, administração de governo, lugares para religião e militares, grandes mercados, locais de produção econômica especializada e centros de transporte central. Tiwanaku na era após a construção de Puma Punku não compartilha essas características, em vez disso, parecendo mais oco do que os arqueólogos esperavam. Os mercados antecipados, os vastos bairros operários, as defesas militares e os centros de produção ainda não se concretizaram. O assentamento parece ter tido muitos edifícios esplêndidos, mas poucas casas, e poucas áreas práticas.

Alexei Vranich, cuja análise do local no final dos anos 1990 foi revolucionária, argumenta que os arqueólogos assim foram pegos em suas próprias suposições sobre o que uma cidade deveria ser que eles caíram pela mesma postura e imagem que os sacerdotes tiwanaku usavam sobre os povos conquistados. Em vez de incorporar alguma mistura de uma antiga Washington andina, D.C. e Nova York, Tiwanaku parece ser misturas iguais do "Vaticano e Disneylândia" (Mann 2005:232-4; Vranich

1999), uma metáfora que transmite tanto a seriedade quanto a exibição do local.

Parte do mistério vem do fato de que parece que Puma Punku, e as outras estruturas principais da cidade, nunca foram concluídas. "No centro da cidade, edifícios e monumentos subiam e desciam, subiam e desciam a uma taxa incrível, nada era terminado completamente porque eles estavam apenas preocupados com as fachadas. Eles tiveram que mudar continuamente as exibições para manter as multidões chegando "(Vranich, citado em Mann 2005:234). Era menos uma cidade do que um destino, com uma equipe na mão, em oposição a uma população permanente. Como era típico dos Andes na época e agora, a peregrinação muitas vezes era acompanhada com trabalho comunitário no local da peregrinação. Depois que os edifícios foram concluídos, alguns seriam prematuramente danificados para criar escombros e o ar da antiguidade sobre a cidade.

Peregrinos no auge da cidade, assim, chegariam a Tiwanaku e passariam por muitos edifícios gloriosos, algumas antigas "ruínas", e outros canteiros de obras rastejando com seus fervorosos companheiros de viagem. Eles iriam para o centro da cidade, sobre o fosso e para a ilha sagrada, onde eles veriam a enorme maioria de Puma Punku e os outros grandes templos de pedra levantando-se para criar um horizonte distinto. Eles teriam trazido consigo bens – do mundano ao excepcional – como oferendas de suas respectivas comunidades e os teriam depositado em armazéns antes de irem mais longe.

"Eles se aproximariam dos portões de Puma Punku - talvez o tremendo Portal do Sol - e veriam as laterais da pirâmide cobertas por tapeçarias de cabelo de lhama brilhantemente tingidas, azulejos de cerâmica coloridos e placas de ouro e prata altamente polidas e entrariam no complexo. Talvez eles encontrassem imagens de sua própria huaca local, lembrando-os de como eram subservientes a essas pessoas, mas também de como eram membros de um coletivo religioso mais amplo incorporado naquele lugar. Eles podem ter se sentido orgulhosos do trabalho magistral dos peregrinos que os precederam e da glória de seus deuses."

Foto de Daniel Maciel do Portão da Lua em Tiwanaku

O Portão do Sol em Tiwanaku no final do século 19

Uma ilustração do século 19 representando o Portão do Sol

No topo da estrutura, e além do segundo portão, evidências mostram que é provável que os visitantes entrassem em uma estrutura no topo da pirâmide e, em seguida, desceriam para um "submundo" aquático onde padres do templo manipulariam dispositivos e tubos para fazer imagens de diáries e demônios para aparecer para falar e fazer barulhos – todos impressionantes e possivelmente até aterrorizantes – antes que o peregrino emergisse do outro lado , levantando-se novamente para a luz do dia e para sua primeira visão do Lago Titicaca e das montanhas sagradas desde que entrou na cidade. Eles estariam simbolicamente deixando o perigoso submundo para os raios abençoados do sol do Portal de Deus, assim como os humanos originais fizeram quando nasceram nas ilhas no Lago Titicaca.

Enquanto os espanhóis acabariam avaliando o ouro e a prata por sua raridade e, portanto, sua capacidade de servir como uma forma estável de moeda, os povos andinos valorizaram esses metais por sua maleabilidade e propriedades reflexivas. A praça central da capital inca de Cuzco era, por exemplo, toda murada com placas douradas que, combinadas com o chão de areia branca, brilhavam intensamente mesmo com a menor luz do dia, exibindo a glória de seu deus sol, Viracocha.

É provável que o templo Puma Punku fosse decorado de forma semelhante, especialmente depois que o peregrino emergiu nos níveis mais altos - talvez criando um efeito deslumbrante e ofuscante semelhante à presença do próprio deus. Nesse caso, teria sido uma experiência religiosa e de entretenimento sem paralelo (Vranich 1999).

Existem várias teorias antropológicas que ajudam a explicar o poder desses rituais em fundir as muitas etnias e políticas da comunidade religiosa vagamente mantida. Um dos mais importantes deles é a concepção de Victor Turner de Communitas. O termo denota "sentimentos intensos de união social e pertença, muitas vezes em conexão com rituais. Em communitas, as pessoas estão juntas 'fora' da sociedade, e a sociedade é fortalecida por isso. " (Nielsen)

Turner se baseia em uma teoria anterior chamada de "rito de passagem" por um antropólogo francês chamado van Gennep. Van Gennep olhou para os rituais de todo o mundo e descreveu como muitos dos mais poderosos deles envolviam três estágios: (1) separação, (2) liminaridade e (3) reintegração. A ideia é que o participante esteja física e simbolicamente separado de seu cotidiano. Isso começa o tempo de "liminaridade", que é um estado especial no qual o participante não faz mais parte da estrutura social normal; talvez eles não façam seu trabalho normal, usem suas roupas normais, falem de maneira normal, comam sua comida normal, etc. Durante esse período de liminaridade, eles podem passar por testes, provações ou provações (mesmo as amplamente simbólicas) antes de serem autorizados a retornar à sociedade. Esta é a fase de reintegração, quando a pessoa retorna, mas foi alterada fundamentalmente pelo processo.

Os ritos de passagem assumem muitas formas: casamento, ordenação, nascimento, funerais, maioridade ou - particularmente importante para a compreensão de Puma Punku - peregrinação. Muitos ritos de passagem não são realizados por indivíduos, mas por grupos que passam por seu estado liminar e suas muitas provações juntos.

Aqueles que fazem essas coisas juntos - como cadetes em uma academia militar ou padres ordenados juntos - freqüentemente desenvolvem um forte senso de camaradagem, que é o cerne da communitas. (Turner 1986).

Outra fonte de poder simbólico era, sem dúvida, a travessia dos portais. O nome de Puma Punku - Portão do Puma - capta um pouco da importância dos portais para o local. Essas estruturas de pedra notáveis, sempre esculpidas como a Porta do Sol a partir de uma única peça de pedra, foram fundamentais para os estágios do ritual. O visitante pode ter passado pelos portões para entrar na cidade e novamente antes de cruzar o fosso, mas ele ou ela definitivamente passou por um portão na base de Puma Punku e novamente na primeira vez que ele subiu o complexo antes de descer no escuro. A pessoa faria isso de novo antes de sair da escuridão e entrar novamente na luz do dia no topo.

Por mais de um século, os antropólogos da religião que estudaram a liminaridade notaram que a passagem pelos limiares foi um elemento central na construção de um senso de liminaridade ou no fim do período liminar, transculturalmente. Outros exemplos incluem a tradição ocidental de um noivo carregando uma noiva pela porta ao entrar pela primeira vez em sua casa, ou a mezuzá judaica - uma pequena oração em um pergaminho enrolado em uma caixa que é presa ao batente da porta de uma casa judaica no Tradição Ashkenazi e é tocado antes de entrar ou sair. A arquitetura de Puma Punku, bem como a proeminência do Deus do Portal como uma divindade liminar mediando a passagem entre os elementos do ritual, mostra o quão crucial esse elemento era para Puma Punku.

É provável que a peregrinação a Tiwanaku, com seu clímax emocional em um templo como Puma Punku, tenha criado e alimentado o senso de communitas entre seus participantes. Os peregrinos deixaram suas casas distantes, um ato de separação, e viajaram uma longa distância juntos em um estado liminar como peregrinos. Eles provavelmente se vestiam, comiam e falavam de maneira diferente; certamente eles não realizavam suas tarefas diárias normais. Chegando à cidade sagrada, eles depositaram suas lhamas, oferendas e artigos de viagem, provavelmente se vestiam com roupas especiais e talvez realizaram atos de purificação e depois cruzaram o fosso sagrado, um segundo ato de separação. Ao cruzarem o portal final do templo de Puma Punku, eles entraram em seu mais profundo estado de liminaridade, aparentemente deixando este mundo todos juntos. Aqui, eles enfrentaram demônios e criaturas lendárias antes de emergir mais uma vez do outro lado do mundo que conheciam. Enquanto estavam no topo daquela pirâmide, olhando para as montanhas sagradas e o lago no axis mundi (centro do mundo), eles teriam sentido a communitas definitiva. Como Turner colocou, "um senso de harmonia com o universo se torna evidente e todo o planeta é sentido como uma communitas". (1986:43).Este momento é o objetivo final de toda a peregrinação.

Mito e ritual sem dúvida reforçaram-se mutuamente em Puma Punku, pois a estrutura de separação-liminaridade-reintegração que caracteriza o ritual também estrutura muito do mito. Embora controverso, o estudioso Joseph Campbell argumentou que a maioria dos grandes mitos do mundo segue a mesma estrutura narrativa do ritual, com o herói mítico separando-se do mundo e passando por testes antes de retornar ao mundo com uma "bênção" que restaura e melhora a mundo (Campbell 2008).

Embora não se saiba que tipo de mito estava relacionado ao povo de Tiwanaku, os historiadores conhecem as histórias que seus descendentes culturais, os incas, contaram. Eles falaram de Viracocha, um deus solar representado carregando duas aduelas e cercando os raios de sol - sem dúvida, uma divindade conectada ao Deus Pan-Andino do Portal. Viracocha emergiu das águas do Lago Titicaca ou de uma caverna próxima. Ao fazer isso, ele trouxe consigo não apenas a luz, mas todos os segredos da civilização. Enfrentando grandes provações, ele se disfarçou de mendigo e vagou pelo mundo, levando esses dons a toda a humanidade (De Gamboa 1907).

Uma representação de Viracocha

É provável que um mito muito semelhante a este alimentou suas crenças sobre os peregrinos de Tiwanaku, que se viam seguindo as pegadas do Deus do Portal enquanto desciam para as profundezas úmidas e escuras de Puma Punku apenas para se erguerem novamente. ilha sagrada para levar a civilização aos cantos longínquos dos Andes, onde se originaram.

Sem dúvida, aqueles que participaram, provavelmente de boa vontade e mesmo com grande entusiasmo pelo auge do poder da cidade, saíram com um grande sentimento de pertença à fé oficial, de laços estreitos com seus companheiros de peregrinação e crença em seu próprio status especial de peregrinos fiéis que voltaram para a fé. Para os gestores sacerdotais da cidade, esse sistema atraiu riqueza (na forma de ofertas), o que permitiu que prosperassem apesar de não controlar nenhuma manufatura ou exércitos de extorsão, e também protegeu e reforçou sua posição, criando novas gerações de seguidores leais.

Foto de uma tabuleta encontrada no Museu Lombards em Tiwanaku

O declínio de Tiwanaku

Tiwanaku e Wari - dois impérios rivais ou parceiros espirituais?

Ao mesmo tempo que Tiwanaku florescia na Bacia do

Titicaca, outra potência estava emergindo ao norte, onde hoje é o Peru Central. A grande cidade de Wari (também escrita "Huari") emergiu como uma potência imperial clássica e parece que os governantes desta cidade comandaram exércitos, conquistaram e governaram seus vizinhos, estabeleceram colônias e sustentaram uma grande população em sua capital. Isso está em total contraste com Tiwanaku, onde os governantes pareciam não ter exercido controle direto, mas em vez disso comandado lealdade espiritual.

À primeira vista, poderia parecer que Tiwanaku estava pronta para ser conquistada por seu vizinho expansionista e militarista, mas, apesar de séculos de coexistência, isso nunca aconteceu. Ao contrário, parece que as duas regiões gozavam de diferentes áreas de influência e até mesmo se sobrepunham em alguns pontos. Muito disso pode ser devido ao fato de que as elites de Wari também adoravam o Deus Cajado, que provavelmente adotaram da civilização anterior de Chavín. Por exemplo, a cerâmica e a arte Wari da época mostram muitos dos mesmos motivos e claramente a mesma divindade de Tiwanaku (Cartwright 2015b). É possível que o povo de Wari reconhecesse o status especial de Tiwanaku e respeitasse sua autoridade espiritual; um exemplo semelhante pode ser visto na relação complexa entre a China centralizada e militarista e seu vizinho, o Tibete espiritual descentralizado (Szczepanski 2016). Às vezes, os dois eram politicamente distintos e independentes e, em outras ocasiões, o Tibete era um vassalo da China, fornecendo orientação espiritual em troca de proteção, enquanto os próprios tibetanos dominavam grandes áreas da China sem se tornarem "chineses". Por exemplo, consulte "Wari Staff Deity Cup" em http://www.hixenbaugh.net/gallery/detail.cfm?itemnum=6 360 http://www.hixenbaugh.net/gallery/detail.cfm?itemnum = 6360

Em nenhum lugar essa relação é mais enigmática e interessante do que em um local ao longo da fronteira das duas zonas de influência: Cerro Baul. Uma cidade-fortaleza de montanha com terraço, este ponto forte foi construído por Wari com vista para o Vale de Moquegua, que era habitado por pessoas que parecem ter sido alinhadas com Tiwanaku. Ambas as sociedades tinham tecnologias de irrigação elaboradas e parece que em Cerro Baul, elas compartilhavam a água, permitindo que ambas as comunidades florescessem lado a lado por um período prolongado. No entanto, não há evidências de um grupo conquistando o outro, nem há evidências de relações comerciais ou econômicas extensas entre os dois (Mann 2005). Esta localização notável mostra que alguma acomodação foi feita entre as elites de Wari e Tiwanaku.

Tiwanaku não era como outras grandes capitais do

mundo, e seu eventual declínio e desaparecimento também não seguiram os modelos vistos em outras partes do mundo. Tiwanaku não caiu na invasão nem sua população se rebelou ou morreu de pragas ou guerras. Em vez disso, parece que a cidade simplesmente começou a diminuir lentamente em importância e relevância; esse lento declínio levou séculos e, sem dúvida, as elites de Tiwanaku, com seu domínio da percepção e do desempenho, esconderam bem esse declínio pelo maior tempo possível.

Em retrospecto, os estudiosos acreditam que o início do declínio - o ponto de virada no destino da comunidade - começou em 562 EC, quando a região começou a passar por uma seca prolongada que deu início a um declínio longo e lento da população da bacia (Moseley 1992: 228). Embora os argumentos sobre o declínio das civilizações antigas que dependem dessas pessoas serem meras marionetes de seu ambiente sejam às vezes preocupantes - e na pior das hipóteses, repetindo presunções racistas sobre o desamparo dos não europeus - neste caso, pode-se observar como a liderança de Tiwanaku foi capaz de se ajustar de forma criativa e cuidadosa às novas circunstâncias e prolongar seu poder por séculos do que foi essencialmente um declínio controlado.

No início, essa seca pode ter realmente acentuado o poder de Tiwanaku. Os campos agrícolas elevados do assentamento central eram mais resistentes à seca e muitos permaneceram produtivos por muito tempo após o declínio das terras vizinhas, o que pode ter contribuído para o mito do status abençoado da cidade (Kolata 1996: 37). O declínio pode ser mascarado pela tradição de longa data de desconstrução e reconstrução de edifícios; no entanto, no final das contas, o poder de Tiwanaku baseava-se na disposição de pessoas de terras distantes de viajar para a cidade e trazer suas oferendas. Um declínio na população ou prosperidade nessas regiões remotas eventualmente seria sentido em Tiwanaku.

Uma evidência do declínio do poder das autoridades centralizadas em Tiwanaku foi o fato de que, embora a região cultural mais ampla influenciada por Tiwanaku continuasse a usar cerâmicas com designs e motivos inspirados em Tiwanaku, estas eram cada vez mais produzidas localmente e usavam uma variedade cada vez maior de estilos e interpretações (Haupt).

Séculos se passaram e os planejadores-mestres de Tiwanaku não podiam ter se esquecido desse declínio. Um exemplo de sua manipulação criativa pode ter envolvido a mudança do Portal do Sol de seu local original, talvez em Puma Punku, para o distrito central na borda do Templo Kalasasaya. Isso pode ter sido uma tentativa de consolidar artefatos importantes em uma área menor e mais gerenciável; "Obviamente alguém acreditava na santidade da cidade, mas não tinha finanças, tecnologia ou conhecimento para restaurá-la à sua condição original" (Moseley 1992: 230). Ao sacrificar Puma Punka e outras partes remotas do assentamento ao status de ruína pitoresca, os administradores aparentemente foram capazes de manter as ilusões por mais algum tempo.

Eventualmente, entretanto, apenas um certo limite pode ser sacrificado antes que não haja mais nada. Assim, o assentamento não foi conquistado ou destruído, mas parecia derreter, canibalizado por seus próprios administradores em sua lenta campanha para evitar o eventual declínio. Este processo só poderia ser realizado por um certo tempo antes de se tornar óbvio para os peregrinos, e quando isso acontecesse, a ilusão de Tiwanaku seria quebrada para aqueles peregrinos. Talvez, quando voltassem para casa, transmitissem suas decepções aos companheiros, e menos ocorreria no futuro, acelerando o fim. Na época do Inca, é provável que a área estivesse em ruínas com uma pequena comunidade agrícola e algumas ruínas muito impressionantes que atraíram alguns peregrinos e talvez abrigaram alguns padres. Este declínio foi provavelmente concluído em 1150 CE.

No entanto, muito do status mítico aparentemente permaneceu mesmo após o fim da idade de ouro; a pátina de poder e mistério permaneceu. Um elemento duradouro desse mito foi o status especial do Lago Titicaca como local sagrado da criação mítica da humanidade. Esta história persistiu tão fortemente que foi totalmente adotada pelos incas séculos depois como parte de sua própria teologia oficial e continua em certos contos e práticas na região até hoje (Salles-Reese 1997). Como será demonstrado abaixo, os próprios incas viam Tiwanaku como uma cidade construída pelos deuses e a respeitavam muito. Eles, além disso, continuaram a adorar o Deus sob o nome de "Viracocha". Por fim, a região manteve-se conhecida pelos seus trabalhos em pedra, a ponto de os incas transplantarem pedreiros da bacia para a capital, a fim de explorar suas habilidades.

Pós-Tiwanaku e a Reabilitação Inca

O declínio de Tiwanaku não envolveu uma transformação da composição étnica da Bacia do Titicaca - pelo menos não no início. Os Puquina continuaram sua mistura de pesca nos lagos, agricultura irrigada à beira do lago e pastoralismo baseado em camelídeos nas planícies secas ao redor. Alguns assentamentos significativos feitos por pessoas cultural e politicamente semelhantes a Tiwanaku, como Lukurmata e Cochabamba, continuaram a ser habitados muito depois do desaparecimento de Tiwanaku, embora frequentemente diminuíssem de tamanho (Haupt 3). Lukurmata, por exemplo, deixou de fazer parte de uma importante rota de peregrinação e voltou ao seu status anterior de aldeia agrícola (Bermann, 1994). Hoje não há assentamentos significativos na área, mas os moradores continuam a praticar a agricultura de subsistência.

Esse estado de quietude remanescente mudou com a chegada do Aymara. O povo aimará originou-se ao norte do Titicaca, onde hoje é o centro do Peru, onde seus primos distantes, que hoje não migraram para o sul, falam as línguas relacionadas de jaqaru e kawki. Um povo militante e expansionista - mas não organizado centralmente sob um único governo ou império - os proto-Aymarans deixaram sua terra natal após o declínio de Tiwanaku e Wari nos anos 1200.

Invadindo a Bacia do Titicaca, eles aparentemente aproveitaram o vácuo de poder para se estabelecerem. Esta foi uma época de grande caos na Bacia do Titicaca, e torna-se evidente que a fragmentação e a violência que acompanharam o declínio das grandes potências e a invasão dos Aymara fizeram com que os povos da bacia ocupassem cada vez mais povoados dispersos e fortalezas fortificadas que são conhecido localmente como "Pukaras" (Stanish 2003b).

Com o tempo, os Puquina foram os perdedores dessa disputa de poder. Hoje, há apenas um punhado de povos que ainda existem que se acredita serem descendentes dos construtores de Tiwanaku. Um grupo é formado pelos fascinantes Uros, que vivem no Lago Titicaca, onde trabalham como pescadores e constroem no lago ilhas artificiais feitas de junco, que consideram sagradas. Embora hoje falem aimará, eles são distintos de seus vizinhos aymara terrestres e referem-se a si próprios como "Lupihaques" ou "Filhos do Sol", talvez uma referência ao Deus do portal solar (Alfaro 1998). Mais além da localização original de Tiwanaku estão os povos Uru e Chipaya, que vivem na remota província de Sabaya, na Bolívia e a leste, nas margens do Lago Poopo, e preservam tradições antigas e distintas, incluindo um estilo de vida como pescadores (Adelaar e van de Kerke).

Essa dispersão dominação Aymara da região, nunca consolidada sob um único governo, acabou sendo conquistada pelo poderoso Império Inca após 1470 DC (Yaeger 2002). O Inca foi um império extremamente centralizado e militarizado que buscou não apenas conquistar, mas homogeneizar culturalmente as terras que conquistou. Consequentemente, eles frequentemente deslocavam populações ao redor de seu império para quebrar os laços étnicos das pessoas com regiões específicas.

Os incas possuíam uma mitologia particular que afirmava ser deles a primeira civilização e, quando confrontados com a prova da antiguidade e habilidade dos construtores de Tiwanaku, interpretaram a cidade como sendo de origem divina (Vranich 2003). Parece que quaisquer resquícios da memória cultural de Tiwanaku que existiam quando os incas chegaram foram aniquilados por seu Império: as populações foram removidas para trabalhar como pedreiros em outros lugares, a aimarização da população se acelerou e as histórias que contradiziam os mitos incas oficiais foram desencorajadas. Com a chegada dos espanhóis, não há memória folclórica do povoamento anterior, mesmo na cidade aimara de Tiahuanaco construída sobre ele.

Essa ruptura cultural e histórica, exacerbada pela exportação local e importação de mais falantes de aimará, fez com que os ancestrais da nova população local, no máximo, tivessem visitado a antiga Tiwanaku como peregrinos, mas não tivessem um relacionamento como habitantes, sacerdotes ou funcionários do local.

Isso não significa, porém, que o Inca evitou ou ignorou o local. Ao contrário, eles parecem ter celebrado as ruínas antigas, re-habitando e adaptando-as às suas próprias necessidades. Enquanto o Tiwanaku original era baseado no Recinto Sagrado ao redor da Pirâmide de Akapana, o Inca preferia Puma Punku.

O Inca "reorganizou radicalmente o espaço sagrado ao redor do Pumapunku, criando pelo menos cinco áreas de atividades distintas" e transformando-o de um espaço inteiramente sagrado em um centro administrativo combinado, palácio e templo. Os incas integraram o local em sua própria rede de captura de Huaca e parecem ter tratado o local com grande reverência (Yeager 2002).

Essa reverência é vista em lugar nenhum mais do que no fato de que quando os espanhóis conquistaram a capital inca de Cuzco - ela mesma considerada uma cidade sagrada e o centro do universo - o último imperador inca estabeleceu uma capital de curta duração em Tiwanaku para desafiar o poder espanhol deste local de óbvio poder simbólico e posição estratégica. Certamente, as estruturas sociais e populações estabelecidas pelo Inca permanecem relativamente intactas (embora não não convertidas e não conquistadas) até a comunidade atual.

Espiritualmente, parece que o Inca herdou muito da cosmologia andina que foi promovida por Tiwanaku e, presumivelmente, Wari. Por exemplo, o deus mais importante do Inca, o fundador de seu império e ancestral de seus governantes, foi Viracocha. Ele foi retratado de forma quase idêntica ao do Deus do Portal / Cajado: voltado para a frente e carregando dois cajados com os raios do sol irradiando de sua cabeça. Esse mito tinha uma conexão ainda mais forte com o legado de Tiwanaku; Diz-se que Viracocha nasceu das águas ou de uma caverna próxima ao Lago Titicaca. Além de ser o deus do sol que dá vida, ele também trouxe a civilização com ele. Esses contos foram registrados pelos espanhóis, que documentaram a religião inca, mesmo enquanto procuravam destruí-la, mas sem dúvida podemos ler os ecos de Tiwanaku nisso (De Gamboa 1907). Toda a arquitetura de Tiwanaku - os templos semissubterrâneos cobertos e úmidos com a água da chuva cuidadosamente coletada e canalizada, terminando em escadas que se elevam até o glorioso cume do Akapana, onde o peregrino é banhado pela luz do sol e pela vista da bacia - e provavelmente o ritual acompanha esses mesmos mitos. Os peregrinos podem ser como o salvador divino, emergindo de suas próprias cavernas e retornando às suas comunidades cheias dos mistérios da terra da fantasia à beira do lago. É graças à dedicação Inca a esses mitos pan-andinos comuns que eles sobreviveram até hoje.

Os Incas e os Espanhóis em Puma Punku

Quando o Inca conquistou a região em 1470, o renome de Tiwanaku a precedeu (como visto acima pelo uso inca de pedreiros da região). Embora o local tenha sido abandonado há muito tempo, foi adotado pelos sacerdotes incas como o local mitológico onde o deus criador Viracocha criou os primeiros seres humanos de cada grupo étnico. Eventualmente, após a conquista espanhola de Cuzco, os últimos imperadores incas estabeleceram uma capital em Tiwanaku para tentar uma conquista eventualmente malsucedida de seu antigo império (Yaeger 2002).

Tiwanaku em geral, e Puma Punku com sua habilidade excepcional em particular, representaram desafios para o Inca. O mito inca afirmava que eles foram a primeira civilização do mundo e que, quando o grande deus Viracocha criou a humanidade, ele criou os incas com uma missão civilizadora especial e os enviou a Cuzco para fundar essa cidade como o eixo mundi . No entanto, aqui em Puma Punku, eles enfrentaram o mesmo problema que os cristãos que lidavam com ossos de dinossauros séculos depois: o fato concreto e incontestável de que seu passado mítico e sua história real não se alinhavam perfeitamente.

Para lidar com esse problema, o Inca habilmente introduziu Tiwanaku em sua mitologia. Ao afirmar que foi aqui que Viracocha criou a humanidade, e que era uma cidade dos deuses, não dos homens, os incas foram capazes de explicar não só por que a antiga cidade existia, mas por que a incrível qualidade e tamanho das pedras lapidadas em Puma Punku rivalizava ou superava qualquer coisa que os próprios incas haviam conquistado. (Vranich 2003).

Com o Império Inca veio o ressurgimento da vida agrícola na região e uma continuidade cultural que continua ininterrupta até hoje, apesar da conquista e conversão. O Inca tinha o hábito de mover populações ao redor de seu império, e isso provavelmente contribuiu para o repovoamento da área. Aqueles que chegaram ao vale, ancestrais do aimará de hoje, provavelmente tinham apenas as conexões mais distantes com a história sagrada - vendo-a do ponto de vista dos peregrinos, não dos sacerdotes - mas ainda consideravam o lago e suas ilhas como sendo sagrado.

Os incas, com sua propensão para grandes projetos de construção, trouxeram não apenas agricultores para o vale, mas também pedreiros e trabalhadores. No entanto, eles parecem ter ignorado amplamente os complexos Akapana e Kalasasaya e, em vez disso, concentraram todas as suas atenções na restauração de Puma Punku de acordo com seus próprios modelos do que um templo deveria incluir e como o local deveria se encaixar em sua própria reinterpretação mitológica do passado do local. O Inca "também reorganizou radicalmente o espaço sagrado ao redor do Puma Punku, criando pelo menos cinco áreas de atividade distintas:

uma câmara de audiência formal

áreas de armazenamento e preparação de alimentos

prováveis instalações para festas

pequenas câmaras nos terraços norte

o próprio templo Puma Punku ”(Yaeger 2002)

Consequentemente, talvez pela primeira vez, Puma Punku se tornou o centro de uma verdadeira cidade e o lar de suas elites, em vez de uma peça dramática de um país das maravilhas maior e fantasioso de peregrinos arquitetônicos. O templo no ápice retomou sua função anterior, embora talvez parte do drama do antigo submundo aquático tenha se perdido, mas as áreas circundantes da estrutura assumiram papéis novos. Líderes indicados pelo Inca viviam, governavam, festejavam e veneravam no local, que se tornou uma extensão da grande rede de locais religiosos (huacas) voltada para o novo axis mundi: a grande capital Cuzco.

O primeiro relato escrito da área e das ruínas vem do conquistador espanhol Pedro de Cieza de Léon, que escreveu As viagens de Pedro de Cieza de Léon, AD 1532-50 (1883). Quando ele chegou, a atual comunidade de Tiahuanaco já existia e era povoada por povos de língua aymara que haviam sido súditos dos incas antes de serem conquistados pelos espanhóis. Pedro escreve sobre a aldeia e a pirâmide de Akapana erguendo-se acima dela: “Tiahuanco não é uma aldeia muito grande, mas é celebrada pelos grandes edifícios próximos, que certamente valem a pena ver.   Perto dos edifícios existe uma colina feita pelas mãos dos homens, sobre grandes alicerces de pedra. Além dessa colina, há dois ídolos de pedra, de forma e figura humanas, os traços muito habilmente esculpidos, de modo que parecem ter sido feitos pela mão de algum grande mestre. Eles são tão grandes que parecem pequenos gigantes, e é claro que eles usam uma espécie de roupa diferente das que agora usam os nativos dessas partes ". (Cieza de Léon, 1883: CV)

Ele continua mais tarde a descrever o que agora é chamado de Puma Punku: "Em outra [ruína], mais a oeste, existem outros vestígios antigos, entre eles muitas portas, com seus batentes, vergas e soleiras, todos de uma só pedra. Mas o que notei mais particularmente, quando vaguei sobre essas ruínas descrevendo o que vi, foi que dessas grandes portas saíram outras pedras ainda maiores, sobre as quais as portas foram formadas, algumas delas com trinta pés de largura, quinze ou mais longo e seis de espessura. Tudo isso, com a porta e seus batentes e dintel, era tudo uma única pedra. A obra é de grandeza e magnificência, quando bem considerada. Quanto a mim, não consigo entender com quais instrumentos ou ferramentas isso pode ter sido feito; pois é muito certo que antes que essas grandes pedras pudessem ser levadas à perfeição e deixadas como as vemos, as ferramentas devem ter sido muito melhores do que as agora usadas pelos índios ". (Cieza de Léon 1883: CV).

Uma capa do livro de Pedro de Cieza de Léon

Quando os espanhóis chegaram, os templos de Puma Punku estavam em um estado consideravelmente melhor do que pode ser visto hoje, principalmente pelo fato de ainda terem telhados sobre o templo principal. Um padre espanhol chamado Diego de Alcobasa que o visitou no século 16 observou: "As paredes, telhados, pisos e portas são todos de uma única peça, esculpidos em uma rocha, e as paredes do tribunal e do o corredor tem três quartos de jarda de largura. O telhado do corredor, embora pareça ser de palha, é na verdade de pedra. Pois como os índios cobrem suas casas com colmo, para que esta se pareça com o resto, eles pentearam e esculpiram a pedra de modo que se assemelhe a um telhado de colmo. " (Cieza de Léon, 1883: CV)

Embora não especifiquem que os edifícios do Puma Punku estavam sendo usados pelas elites locais, a arqueologia confirmou que esse era o caso, e parece que o abandono do terreno fez parte de uma campanha espanhola mais ampla (provavelmente antes da chegada de Cieza de Léon, que não estava com a primeira onda de conquistas) para largar a vida civil e religiosa do que viam como monumentos pagãos dedicados ao culto ao demônio. Na mesma linha, os espanhóis empreenderam esforços para danificá-los totalmente. Assim, com o tempo, o centro da vida cívica da aldeia mudou-se para o norte aproximadamente um quilômetro, cerca de 10 minutos a pé. Nesse local, os espanhóis construíram uma impressionante praça pavimentada de pedra com portão e uma igreja dedicada a San Pedro, cuja encarnação atual foi construída no século 17 (Sultan 2012). Curiosamente para uma cidade localizada em ruínas tão focada no poder simbólico dos portões, a vila de Tiahuanaco é o único assentamento no Peru a ter arcos de pedra protegendo cada uma das entradas de seu pátio central e o lugar sagrado da Igreja Católica.

Como costuma acontecer, o folclore cresceu em torno do local. Mesmo nos anos 1500, as ruínas eram um pouco misteriosas para os habitantes locais aymara, que atribuíam várias interpretações sobre a existência das grandes estátuas. Sem dúvida, eram consideradas religiões folclóricas pelos sacerdotes incas que possuíam suas próprias histórias do local, mas como os espanhóis não os consultaram, não existe uma "história oficial". Em vez disso, os historiadores têm apenas folclore, muito do qual continuou nas gerações posteriores. As ruínas foram saqueadas em busca de suas pedras cortadas, embora muitos dos blocos fossem grandes demais para os moradores locais moverem-se facilmente, e assim as ruínas encolheram bloco a bloco com o passar dos séculos.

Tiwanaku Moderno

Ao contrário de outras ruínas sul-americanas famosas, como Machu Picchu no Peru ou a Ciudad Perdida na Colômbia, Tiwanaku nunca foi "perdida" e redescoberta. A presença da vibrante vila de Tiahuanaco entre as ruínas, mesmo utilizando-as como material de construção, principalmente para a sua igreja, fez com que desde a chegada dos espanhóis fossem comentadas. O primeiro relato escrito da área e das ruínas vem do conquistador espanhol Pedro de Cieza de Léon em seu livro, As viagens de Pedro de Cieza de Léon, AD 1532-50 (1883), que é citado na introdução a este texto.

Os edifícios de pelo menos os Puma Punku ainda estavam em uso na época da Conquista, e todos eles estavam em muito melhor estado do que são hoje. Um padre espanhol chamado Diego de Alcobasa que o visitou no século 16 observou: "As paredes, telhados, pisos e portas são todos de uma única peça, esculpidos em uma rocha, e as paredes do tribunal e do o corredor tem três quartos de jarda de largura. O telhado do corredor, embora pareça ser de palha, é na verdade de pedra. ... Pentearam e esculpiram a pedra de modo que se parecesse com um telhado de palha "(Cieza de Léon 1883: CV).

Apesar do fato de que esses edifícios terem sido obviamente construídos com habilidade magistral e eram os mais grandiosos da região, os espanhóis buscaram quebrar a conexão entre a administração do governo e o que consideravam monumentos "pagãos" e "satânicos". Portanto, enquanto se maravilhavam com as ruínas, não há evidência de que as habitavam ou as usavam, exceto como fontes convenientes de pedra. Os produtos, uma praça central de pavimentação ampla e uma igreja com portões (a única igreja católica na Bolívia com portões de pedra em todas as entradas do pátio), são evidências dessa reutilização arquitetônica canibal. A vida cívica migrou aproximadamente um quilômetro ao norte e ao oeste do centro pré-colombiano (Sultan 2012).

A atenção às ruínas pré-colombianas da América Latina, tanto dentro como fora da região, começou a aumentar dramaticamente no início do século 20 devido à descoberta de Machu Picchu por Hiram Bingham em 1911 e pelo mexicano nacionalista pró-indígena Revolução de 1910-1920 (Harasta 2013). Tiwanaku tinha a vantagem distinta de ser eminentemente acessível nos arredores de La Paz, quando comparado às expedições épicas enviadas para encontrar ruínas maias, olmecas e incas em locais formidáveis.

Infelizmente, isso significava que Tiwanaku já tinha sido saqueado de todos os tesouros remanescentes quando os arqueólogos chegaram. As ruínas, portanto, não produziram os notáveis artefatos de ouro, prata e pedras preciosas que atraíram tanta atenção em outras partes do continente, e o museu de Tiwanaku abriga principalmente uma coleção de cerâmica impressionante.

O trabalho acadêmico no local havia começado hesitantemente no século 19 ; um antiquário americano chamado Ephraim George Squier visitou e mapeou o local na década de 1860, e uma pequena expedição alemã o visitou e documentou na década de 1890 (Albarracin-

Jordan 2011; Friedman 2008). Os arqueólogos começaram a visitar com maior frequência e intensidade no início do século 20 , incluindo Arthur Posnansky em 1903 e Stig Ryden na década de 1940, no entanto, a escavação científica ainda estava em sua infância, e a maior parte deste trabalho inicial estava na forma de inquéritos e descrição geral. É provável que esses arqueólogos - eles próprios pouco mais do que saqueadores trabalhando para museus - soubessem que os tesouros de ouro de Tiwanaku há muito se foram (Kolata 1987: 36).

Ao mesmo tempo, o Estado boliviano também estava se tornando cada vez mais consciente da importância de sua herança pré-colombiana e do valor de locais notáveis como Tiwanaku. Uma viagem fácil de um dia saindo de La Paz, começou a atrair cada vez mais visitantes, tanto nacionais quanto internacionais, e hoje é frequentemente classificada como uma das melhores localizações de todo o país (Touropia 2016). Como foi o caso durante séculos de uma forma ou de outra, os moradores de Tiahuanaco tornaram-se cada vez mais dependentes dos visitantes do local para seu sustento, e houve um crescimento na infraestrutura turística: dois museus, hotéis, albergues, restaurantes, etc.

Com o amanhecer da segunda metade do século 20 , a Bolívia estava em crise e, em 1952, os povos indígenas da nação se levantaram na Revolução Nacional Boliviana. O governo resultante instituiu reformas sociais massivas que deram poder aos povos indígenas, incluindo os residentes de Tiahuanaco. Quando os arqueólogos retornaram em 1957 - e tem havido um projeto arqueológico contínuo em Tiwanaku desde então - os vinte e três grupos de parentesco Aymara na comunidade circundante negociaram entre si para distribuir igualmente as posições valiosas nas equipes de escavação, com disposições feitas para a antiguidade. Este processo também fez com que toda a comunidade participasse ativamente da arqueologia, bem como do turismo, gerado pelo sítio, e deu alguma proteção aos arqueólogos e seu trabalho das várias convulsões políticas que ocorreram desde então. Da mesma forma, esse reconhecimento da importância e do valor do local significa que a população local está mais propensa a entregar saqueadores do que a se tornarem eles. De fato, durante um levante indígena de 2001, militantes armados aimarás, que o viam como parte de sua herança étnica, ocuparam o local para protegê-lo de possíveis saqueadores que se aproveitavam do caos (Vranich 2003).

O primeiro projeto arqueológico sério e de longo prazo na comunidade começou na década de 1970 e foi conduzido por dois arqueólogos: Oswaldo Rivera e Alan Kolata (boliviano e americano, respectivamente). Eles se concentraram em Akapana e no Recinto Sagrado enquanto outros foram deixados para cavar Puma Punku mais tarde. A arqueologia é um processo de longo prazo, e levou décadas antes que eles pudessem sintetizar essas informações na história de Calcutá em 1993 O Tiwanaku: Retrato de uma civilização andina.

Embora Rivera e Kolata tenham feito um trabalho preliminar sólido e de vital importância, eles foram incapazes de compreender totalmente a natureza única da cidade. A suposição era que os elementos tradicionais da vida na cidade antiga - vastos bairros residenciais, indústria, centralização política e complexos militares - não estavam ausentes, simplesmente não haviam sido descobertos ainda. Este é um dos desafios para a arqueologia: determinar o que estava realmente presente ou não presente em um local versus o que permanece sob o solo, a ser descoberto.

O entendimento contemporâneo de Tiwanaku, não tanto como uma cidade, mas como um centro "Vaticano-Disney" de peregrinação baseado em uma economia de ofertas religiosas e povoado não por cidadãos dignos de uma cidade, mas por uma pequena equipe, não veio de Rivera e Kolata, mas da próxima geração de arqueólogos. Em particular, o escavador e analista mais significativo que provocou a mudança radical no pensamento sobre o local foi Alexei Vranich. Sua revolucionária dissertação de doutorado de 1999 gerou novos debates sobre o local, e ele trouxe novas técnicas de mapeamento espacial por computador para o local (culminando em Vranich e Stanish 2013). Ele continuou a ser importante desde então e hoje ensina na UCLA (Vranich 2017).

Independentemente de como foi interpretado, Tiwanaku tornou-se central para a identidade nacional boliviana, entrando no currículo nacional padrão e visitado anualmente por incontáveis alunos bolivianos. Em 1986, a nova cédula de 200 bolivianos (a maior denominação da moeda nacional) foi desenhada para representar os monumentos de Tiwanaku em seu reverso, cimentando ainda mais sua presença no imaginário nacional. É o único tema pré-colombiano em qualquer moeda boliviana (Abenteuer Reisen).

Além desse entusiasmo e orgulho compreensíveis pelo site, Tiwanaku também atraiu alguma atenção indesejada nos últimos 60 anos. Um problema foi a "restauração" do local por tutores bem-intencionados. Várias paredes foram reconstruídas e monumentos reparados de maneiras que têm apenas base duvidosa em fatos arqueológicos e vão contra a reticência geral dos arqueólogos em tentar qualquer reconstrução.

Além da Bolívia, Tiwanaku também atraiu a atenção de vários pensadores pseudocientíficos, especialmente de muitos indivíduos que defendem a origem extraterrestre do local. Grande parte dessa atenção foi dirigida particularmente a Puma Punku, que se dizia ser o extraterrestre das Nações Unidas. O apresentador do programa de televisão Ancient Aliens disse "Pumapunku é o único local no planeta Terra que, na minha opinião, foi construído diretamente por extraterrestres" (citado em Heiser). "É uma pena que essas teorias tenham surgido enquanto entendíamos não apenas como o Puma Punku foi formado, mas também por que os seres humanos que o fizeram o fizeram e o que isso significava para eles. A história de [Tiwanaku], com suas conexões notáveis não com as estrelas, mas com a paisagem ao seu redor - as águas sagradas do Titicaca e as ilhas e montanhas - que inspirou incontáveis peregrinos durante séculos, só agora está se revelando para nós. A pseudociência, muitas vezes não apenas errada em suas interpretações, mas de fato em seus fatos básicos [...] ameaça abafar a história real, fascinante e completamente humana. " (Harasta 2013).

Existem muitas questões que permanecem para os futuros estudiosos que estudam esta localização, mas dificilmente é tão misterioso ou inexplicável quanto os proponentes dessas teorias proclamam. As cabeças de espiga esculpidas são evocativas, mas estão claramente conectadas à tradição de captura de huaca encontrada em outras partes dos Andes, antes e depois; a incrível escultura em pedra é um testemunho da habilidade e conhecimento dos construtores, mas certamente não exigia tecnologia paranormal para ser realizada.

Tiwanaku ganhou o reconhecimento final de qualquer sítio antigo em 2000, quando foi adicionado à lista de Sítios do Patrimônio Mundial pela Organização das Nações Unidas para a Educação, a Ciência e a Cultura (UNESCO), o que significa que é parte do patrimônio compartilhado da humanidade (UNESCO 2014). É uma pena que em seu zelo para encontrar alienígenas sob cada pedra esculpida, os escritores do Astronauta Alienígena tenham essencialmente tentado roubar um pedaço dessa humanidade compartilhada de todos nós e atribuí-la a visitantes fantasiosos de galáxias distantes. Esperançosamente, no futuro, teremos respeito suficiente por nossos ancestrais para reconhecer seu gênio em um lugar como Tiwanaku, um lugar que é surpreendente pelo que nos diz sobre a humanidade e nosso desejo de sermos admirados, humilhados e desfrutar de um bem desempenho. Ao mesmo tempo, Tiwanaku sempre foi um lugar de ilusões e mitos, e não deveria ser surpresa que nossas mitologias modernas tenham se enraizado aqui também.

Arqueologia em Puma Punku

No século 20, o interesse pelas ruínas pré-incas que pontilham o Peru e a Bolívia começou a crescer em todo o globo, especialmente nos Estados Unidos, na Europa Ocidental e nas próprias nações andinas. A revelação de Hiram Bingham das ruínas espetaculares de Machu Picchu para o mundo em 1911 atraiu atenção histórica e arqueológica para os Andes Centrais, e isso nunca mais diminuiu desde então (Harasta 2013).

Não deveria ser surpresa que grande parte dessa atenção eventualmente se voltou para as ruínas espetaculares não perdidas nas selvas ou montanhas, mas facilmente alcançadas logo após a vila de Tiahuanaco. Apesar do tamanho de Akapana, para muitos foi o acabamento espetacular e o tamanho das pedras em Puma Punku que chamaram a atenção. Ao mesmo tempo, essa mesma acessibilidade significava que o local havia sido muito explorado por moradores em busca de pedras, ladrões de túmulos em busca de pilhagem e católicos zelosos que buscavam erradicar o paganismo. O primeiro visitante acadêmico do local foi Ephraim George Squier, um proto-arqueólogo americano que mapeou e esboçou o local na década de 1860, valendo-se de uma experiência considerável nas áreas culturais do Mississippi Mound Builder e da América Central (Albarracin-Jordan 2011). Ele foi seguido por um interesse de mais longo prazo por dois alemães Max Uhle e Alphonse Stübel que, em 1892, publicou o relato mais cientificamente completo do site até aquele ponto e também buscou obter proteção oficial

do governo boliviano (Friedman 2008)

Squier

As primeiras escavações sistemáticas foram conduzidas por um cavalheiro boliviano de ascendência alemã chamado Arthur Posnansky em 1903, e ele posteriormente argumentou que Tiwanaku foi a fonte de todos os desenvolvimentos culturais nas Américas. Esse tipo de pensamento, hoje chamado de "hiper-difusionismo", era comum na época, e outros estudiosos argumentaram que os egípcios ou os maias foram a fonte de toda cultura primitiva significativa.

Posnansky

Posnansky produziu uma série de teorias durante seu trabalho que foram criadas de acordo com o pensamento de sua época, mas às vezes ele era totalmente impreciso e, infelizmente, algumas delas ainda aparecem de vez em quando em escritos pseudo-arqueológicos populares. Posnansky era fascinado pela cronometragem pré-colombiana e argumentou que as impressionantes inscrições no Portal do Sol eram um calendário e que todo o local - Puma Punku e todas as outras estruturas incluídas - foram dispostos de acordo com certos alinhamentos astronômicos que ele acreditava que eram importantes. Ele então tentou determinar a última vez que esses alinhamentos estavam presentes nos céus de Puma Punku e chegou à conclusão de que o local deve ter sido construído 15.000 anos atrás. Hoje, todas as evidências modernas apontam para uma resposta muito mais plausível: que Tiwanaku foi organizado de acordo com os alinhamentos da paisagem ao seu redor, não as estrelas acima, e que os alinhamentos do céu de Posnansky foram uma criação de sua própria fantasia (Sammells 2012).

Na verdade, a arqueologia inicial durante este tempo era apenas moderadamente melhor do que o roubo de túmulos que a precedeu, porque o objetivo era frequentemente a aquisição de peças de museu impressionantes, em vez de conhecimento. Como resultado, em muitos casos, os primeiros arqueólogos inadvertidamente destruíram informações importantes (Friedman 2008). Além do mais, esses arqueólogos - como seus colegas modernos - não se concentraram na escavação cuidadosa e sistemática de uma área específica da cidade em ruínas, como o complexo Puma Punku. Em vez disso, eles tendiam a inspecionar todo o complexo e, como a escavação sistemática estava em sua infância, geralmente realizavam apenas escavações pontuais. Este padrão continuou no século 20 ; na década de 1940, o arqueólogo sueco Stig Ryden fez levantamentos básicos do local (Kolata 1987: 36). Portanto, não há estudos iniciais apenas de Puma Punku.

Com o passar do século 20, o governo boliviano começou a proteger lentamente o local, instalando um museu no local (retardando a exportação de artefatos antigos) e estabelecendo-o como um importante local turístico para os visitantes de La Paz. Mesmo quando o Peru ao norte estabeleceu Machu Picchu como seu principal destino para aqueles interessados no passado antigo, a Bolívia procurou estabelecer Tiwanaku como um destino de classe mundial. Hoje, costuma ser classificado como um dos 10 principais destinos do país (conforme listado, por exemplo, em Touropia 2016; Bolívia Travel Site).

O local foi integrado ao tecido econômico e social da pequena aldeia. As escavações arqueológicas se tornaram o maior empregador da comunidade e, desde os anos 1980, os escavadores foram sindicalizados e hoje são um grupo profissional eficaz que muitas vezes sabe mais sobre o local do que os arqueólogos neófitos que chegam para supervisioná-los. Os 23 grupos de parentesco aymara na comunidade circundante negociaram entre si posições nas equipes de escavação, com disposições feitas para a antiguidade, e essa conexão intensiva com a comunidade significa que a escavação continua mesmo em tempos de crise política ou social (Vranich 2003).

Embora tenha havido escavações quase contínuas no local desde 1957, a arqueologia moderna séria começou no final dos anos 1970, liderada pelo americano Alan Kolata e o boliviano Oswaldo Rivera e culminando na primeira história séria do local, o texto de 1993 de Kolata The Tiwanaku: Retrato de uma civilização andina. Kolata tentou ligar Tiwanaku aos povos contemporâneos e preencheu a lacuna de compreensão entre o período clássico e a chegada dos espanhóis. No entanto, suas próprias escavações se concentraram em Akapana, e enquanto Puma Punku foi escavado de forma preliminar por Gregorio Cordero Miranda, um boliviano, em 1978, escavações sérias e interpretações de Puma Punku teriam que esperar outra geração (Kolata 1993).

Quando o texto de Kolata foi publicado, essa obra começou a ser concebida pelo homem que se tornaria o mais importante escavador de Puma Punku e um intérprete radical de todo o sítio de Tiwanaku. Muito da interpretação moderna de Puma Punku como um centro de peregrinação "Vaticano-Disney" - em vez de uma cidade tradicional - vem do trabalho de Alexei Vranich, começando com sua pesquisa Ph.D publicada no site em 1999. Sua especialidade é o mapeamento espacial por meio de métodos computacionais, em que utilizou dados arqueológicos para reconstruir a vida da cidade antiga, auxiliando em suas interpretações inéditas do local (culminando em um livro de autoria de Vranich e Stanish em 2013).

Tiwanaku tornou-se um símbolo de identidade nacional contestada, com Puma Punku como base central para debates nacionais. Houve tentativas mal intencionadas de restauração do local, com reedição de pedras em locais duvidosos. Quase todas as crianças em idade escolar boliviana visitam o local, que faz parte do currículo nacional.

Em 2001, houve um levante das comunidades indígenas da região contra o governo nacional e a cidade - de outra forma normal - foi ocupada e protegida pelo levante, já que os aimarás também veem o local como parte de sua herança (Vranich 2003) .

Apesar de todo o caos criado por níveis massivos de visitação, contenda e "restauração", também houve avanços na preservação do local. Puma Punku foi cercado e dado um guarda, e seu terreno foi protegido pelo governo central como um patrimônio nacional. Como parte de "Tiwanaku: Centro Espiritual e Político da Cultura Tiwanaku, "Puma Punku foi adicionado à lista de locais do Patrimônio Mundial da UNESCO em 2000 Considerado a lista de patrimônios históricos mais prestigiosa do mundo, este Puma Punku e o resto das ruínas são reconhecidos como centrais para a história e cultura humana. No entanto, a adesão contínua a essa lista exigia que o governo permitisse verificações regulares do local pela UNESCO. Em 2014, a UNESCO divulgou um relatório contundente que, em particular, condenou as tentativas de restaurar Puma Punku; no entanto, eles também ofereceram à Bolívia USD 870.000 para melhorar sua gestão (UNESCO 2014a, 2014b). Desde o relatório de condenação, grandes mudanças ocorreram no local, incluindo o abandono da restauração pelo governo em favor da preservação, a criação de um plano de gestão formal, o estabelecimento de uma zona tampão entre as ruínas e a aldeia contemporânea, a construção de novos laboratórios de conservação e melhorias para museus no local (UNESCO 2015).

Ao mesmo tempo, como a compreensão das pessoas sobre Puma Punku aumentou exponencialmente desde 1999, tem havido um crescimento aparentemente paradoxal da pseudociência e ofuscação sobre Puma Punku mais do que qualquer outra parte do site. Em 1968, hoteleiro suíço Erich von Däniken publicou Chariots of the Gods?, em que descreveu sua teoria de que os extraterrestres estavam por trás do desenvolvimento da história humana. Ao remendar fragmentos de arqueologia e simbolismo de seus contextos originais, von Däniken criou um relato fantasioso da história humana que continuou a atrair seguidores desde então.

Muito dessa atenção tem sido focada nos últimos anos nas ruínas de Puma Punku, que os descendentes intelectuais de von Däniken afirmam ser única e completamente construída por extraterrestres como uma forma de "Nações Unidas" do mundo estranho. O apresentador do programa de televisão Ancient Aliens disse "Pumapunku é o único local no planeta Terra que, em sua opinião, foi construído diretamente por extraterrestres" (citado em Heiser). (citado em Heiser).

É lamentável que essas teorias tenham surgido enquanto a compreensão das pessoas melhorava para ajudar a explicar não apenas como Puma Punku foi estabelecido, mas também por que a civilização que o fez o planejou desta maneira, e o que tudo aquilo significava para eles. A história do templo, com suas conexões notáveis não com as estrelas, mas com a paisagem ao seu redor - as águas sagradas do Titicaca e as ilhas e montanhas - que inspirou incontáveis peregrinos durante séculos, só agora está se revelando para nós. A pseudociência, muitas vezes errada não apenas em suas interpretações, mas em fatos básicos (como o seriado Ancient Aliens alegando que as rochas Puma Punku eram feitas de um diorito muito mais duro, e não do arenito, o que na realidade é o material em si), ameaça para abafar a história real, fascinante e completamente humana deste notável templo.

Fontes da Web

Outros Livros Sobre História dos Nativos das Américas por Charles River Editors

Outros livros sobre Tiwanaku na Amazon

Bibliografia

Abenteuer Reisen

----	"Bolivia (Banknotes)" accessed online at: http://www.bis-ans-ende-der-welt.net/Bolivien-B-En.htm

Adelaar, Willem and Simon van de Kerke

----	"The Puquina and Leko Languages" from "Advances In Native South American Historical Linguistics. Accessed online at: http://52ica.etnolinguistica.org/adelaar

Albarracin-Jordan, Juan V.

2011	*Ephraim George Squier en Centroamérica, Perú y Bolivia* in the series "Politica, Etnologia

Norteamericanas del Siglo XIX. Fundación
Bartolomé de las Casas and Plural Editores : La
    Paz.

Armstrong, Karen

2007   *The Great Transformation: The Beginning of
Our Religious Traditions*. Anchor Books

Bermann, Marc

1994   *Lukurmata: Household Archaeology in
Prehispanic Bolivia*. Princeton: Princeton University
Press

Bolivia es Turismo

2016   "Church of San Pedro de Tiahuanaco – La Paz."
Accessed online at:
    http://boliviaesturismo.com/en/iglesia-de-san-pedro-
de-tiahuanaco-ingavi-la-paz-
    boliviaesturismo/

Britannica Online, Encyclopedia

2001   "Pucará". Accessed online at:
https://www.britannica.com/place/Pucara

Browman, David L.

1981   "New Light on Andean Tiwanaku" in *American
Scientist*. Vol 69, No 4, pp 408-419

Cartwright, Mark

2014   "Tiwanaku", accessed online at:
http://www.ancient.eu/Tiwanaku/

2015a "Chavin Civilization", accessed online at:
http://www.ancient.eu/Chavin_Civilization/

2015b "Wari Civilization", accessed online at:
http://www.ancient.eu/Wari_Civilization/

Ching, Francis DK, Mark Jarzombek and Vikramaditya
Prakash

2011   *A Global History of Architecture 2nd Edition.*
Wiley: Hoboken, NJ

Cieza de Léon, Pedro de

1883   *The travels of Pedro de Cieza de Léon, A.D.
1532-50: Contained in the First Part of His
    Chronicle of Peru, translated by Clements R.
Markham.* Clements Markham (Trans.).
    Hakluyt Society: London. Accessed online at:

    http://www.gutenberg.org/files/48770/48770-
h/48770-h.htm#CHAPTER_CV

Erikson, Clark L.

1988   "Raised Field Agriculture in the Lake Titicaca

Basin" in *Expedition*. Vol. 30 No 3

Erikson, Clark L. and Kay L. Candler

1989   "14: Raised Fields and Sustainable Agriculture in the Lake Titicaca Basin of Peru" in *Fragile Fields of Latin America: Strategies for Sustainable Development*. Wesview Press: Boulder, CO

Faura, Nicanor Domínguez

2014   "The *puquina* Language in the Early Colonial Southern Andes (1548-1610): A   Geographical Analysis". In the *Journal of Latin American Geography*. Vol 13, No 2. Pp   181-206

Friedman, Leslie

2008   "Making of Place: Myth and Memory at the Site of Tiwanaku, Bolivia. In: 16th ICOMOS   General Assembly and International Symposium: 'Finding the spirit of place – between   the tangible and the intangible', 29 sept – 4 oct 2008, Quebec, Canada. Accessed online   at: http://openarchive.icomos.org/76/1/77-k6sB-142.pdf

Giesso, Martin

2001   *The A to Z of Ancient South America*. Scarecrow Press: Plymouth, UK

Harasta, Jesse

2013   *Machu Picchu: The History and Mystery of the Incan City*. Charles Rivers Editors:
    Cambridge, MA

2016   *Puma Punku: The History of Tiwanaku's Spectacular Temple of the Sun*. Charles Rivers
    Editors: Cambridge, MA.

Haupt, Beth

----   "Tiwanaku Ceramic Style and its Influence on Theory, Interpretation and Conclusions of Andean Archaeologists". University of Wisconsin - Madison

Heiser, Mike

----   *Ancient Aliens Debunked*. Accessed online at:
http://ancientaliensdebunked.com/about/

Hoag, Hannah

2003   "Oldest Evidence of Andean Religion Found: God carved on gourd points to cradle of
    Peruvian Culture." In the journal *Nature*. Accessed online at:

    http://www.nature.com/news/2003/030415/full/news
030414-4.html#B1

Houk, Brett

2017   *Ancient Mayan Cities of the Eastern Lowlands.* University Press of Florida

Mann, Charles C.

2005   *1491: New Revelations of the Americas Before Columbus.* Alfred A. Knopf: New York

Moseley, Michael

1992   *The Incas and their Ancestors.* Thames and Hudson, The Archaeology of Peru Series:
    London.

Ortloff, Charles R. and Kolata, Alan

1989   "Hydraulic analysis of Tiwanaku aqueduct structures at Lukurmata and Pajchiri, Bolivia" in *The Journal of Archaeological Science.* Vol 16, No 5, pp 513-535

Quilter, Jeffrey

2014   *The Ancient Central Andes.* Routledge World Archaeology: London and New York.

Salles-Reese, Verónica

1997   *From Viracocha to the Virgin of Copacabana: Representation of the Sacred at Lake   Titicaca.*

University of Texas Press

Schultz, Ashley

2010   "Analysis of Paleoethnobotanical Data at the Pirque Alto Site in the

Cochabamba Valley of Bolivia: A Comparison to Primary and Secondary Centers" in UW-L Journal of Undergraduate Research. Vol 13

Szczepanski, Kallie

2016   "Tibet and China: History of a Complex Relationship" accessed online at:
   https://www.thoughtco.com/tibet-and-china-history-195217

Smith, Michael E.

2007   "Form and Meaning in the Earliest Cities: A New Approach to Ancient Urban Planning" in
   The Journal of Planning History. Vol 6 No 1, pp 3-47

Stanish, Charles

2003a "The Rise of Competitive Peer Polities in the Upper Formative Period" in *Ancient
   Tiwanaku*. University of California Press.

2003B "The Rise of Complex Agro-Pastoral Societies

in the Altiplano Period" in *Ancient
   Tiwanaku*. University of California Press.

Stone-Miller, Rebecca

1996   *Art of the Andes*. Thames and Hudson: London.

Sultan, Zack

2012   "La Plaza del Pueblito Tiahuanco" accessed
online at at the website:
http://llokhalla.tumblr.com/post/30664164389/llokhalla-
la-plaza-del-pueblito-tiahuanaco-con

UNESCO

2014   "Decisions Adopted by the World Heritage
Committee at its 38th Session (Doha 2014)."
   Accessed online at:
http://whc.unesco.org/archive/2014/whc14-38com-
16en.pdf

Vranich, Alexei N

2017   "Archaeology Field School Peru" accessed
online at http://www.dralexei.com/

Vranich, Alexei N and Charles Standish (eds.)

2013   *Visions of Tiwanaku*. UCLA Cotsen Institute of
Archaeology Press

World Water Assessment Programme (WWAP)

2003   "Chapter 21: Lake Titicaca, Bolivia and Peru" in *UN World Water Development Report 1: Water for People, Water for Life.* UNESCO: Paris. Accessed online at: www.unesco.org/new/fileadmin/MULTIMEDIA/HQ/SC/pdf/wwap_Lake%20Titicaca%20basin_case%20studies1_EN.pdf

Yaeger, Jason

2002   "Investigations at the Pumapunku Temple" at the website "Archaeology's InteractiveDig". Accessed online at: http://interactive.archaeology.org/tiwanaku/project/pumapunku1.html

Livros Gratuitos da Charles River Editors

Temos diversos títulos totalmente gratuitos todos os dias. Para ver os títulos gratuitos disponíveis no momento, clique neste link.

Livros com Descontos Especiais da Charles River Editors

Temos títulos com descontos especiais no valor de apenas 99 centavos todos os dias! Veja os títulos disponíveis com este desconto clicando neste link.